Bildung im Zeitalter der Digitalkultur

Franz Sertl (Hrsg.)

Bildung im Zeitalter der Digitalkultur

Eine Anthologie zur Informationsgesellschaft

Frankfurt am Main · Berlin · Bern · Bruxelles · New York · Oxford · Wien

Bibliografische Information Der Deutschen Bibliothek
Die Deutsche Bibliothek verzeichnet diese Publikation in der
Deutschen Nationalbibliografie; detaillierte bibliografische
Daten sind im Internet über <http://dnb.ddb.de> abrufbar.

Gedruckt mit Unterstützung des Dissertationsfonds Wien
und der Wissenschafts- und Forschungsförderung
der Stadt Wien, MA 7.

ISBN 3-631-51293-7
© Peter Lang GmbH
Europäischer Verlag der Wissenschaften
Frankfurt am Main 2003
Alle Rechte vorbehalten.

Das Werk einschließlich aller seiner Teile ist urheberrechtlich
geschützt. Jede Verwertung außerhalb der engen Grenzen des
Urheberrechtsgesetzes ist ohne Zustimmung des Verlages
unzulässig und strafbar. Das gilt insbesondere für
Vervielfältigungen, Übersetzungen, Mikroverfilmungen und die
Einspeicherung und Verarbeitung in elektronischen Systemen.

www.peterlang.de

„Wenn man die Menschen lehrt w i e sie denken sollen und nicht ewig hin w a s sie denken sollen: so wird auch dem Mißverständnis vorgebeugt..."

Georg Christoph L i c h t e n b e r g
(1742-1799)

Inhalt

Einleitung..9

Bildung als abhängiges Produkt wie bestimmender Faktor der Kultur............17

Bildung durch Schule..31

Lernen unter Selbstkontrolle, G. Guttmann...................................43

Werte...53

Die neue Rechenmaschine –
  Digitale Zukunft..61

Was steuert die Gesellschaft? E. Gehmacher..................................73

Nachwort..91

Schluss..101

Literaturverzeichnis...103

Einleitung

Am Ende des vergangenen Jahrhunderts nahmen wir Abschied vom Zeitalter der Industriegesellschaft, einer überaus bewegten und ereignisreichen Epoche, der wir aber letztendlich einen gewaltigen Fortschritt zu verdanken haben: sie brachte eine Steigerung des Lebensstandards und den Massenwohlstand, bescherte uns die rasante Entwicklung des Verkehrs- und Kommunikationswesens und, was leicht übersehen wird, auch den Wohlfahrtsstaat. Dieses Kapitel gilt als abgeschlossen, neue Herausforderungen entstehen.

Daniel B e l l, ein amerikanischer Soziologe, schrieb schon 1973 über die Veränderung und Zukunft der „nachindustriellen Gesellschaft" und über ihre spezifischen Konflikte, jenseits der Klassen– und Schichtungsgesellschaft. – Tatsächlich vollzieht sich seit der stürmischen Entwicklung der Computertechnologie ein ebenso rasanter wirtschaftlicher und gesellschaftlicher Wandel, wir treten in das Zeitalter der „Informationsgesellschaft" ein. Die Produktion der materiellen Güter bleibt hinter der Produktion von „Information" zurück. Arbeits- und Lebensbedingungen ändern sich grundlegend innerhalb weniger Jahre. Die „Informationswirtschaft" produziert den Löwenanteil am Sozialprodukt, rund die Hälfte (!) der Erwerbstätigen in Mitteleuropa gehen nun „Informationsberufen"[1] nach, Tendenz weiterhin steigend.

---

[1] Die wichtigsten Branchen die zur Informationstechnologie (Abgek. IT) und zur Informations- und Kommunikationstechnologie (Abgek. IKT. od. IuK) zählen, sind: Hard- und Softwareunternehmen, Produzenten von digitalen Inhalten und Sendeanstalten, Computer- und Telekommunikation, Internet, E-mail, Handy, internat. Datennetz, Telearbeit, Teleshopping, Datenfernverarbeitung.

Dieser Strukturwandel wird von einer enormen Beschleunigung technologischer Veränderungen begleitet. Entwicklungs- Produktions- und Distributionszyklen werden kürzer. Der Einsatz von Informationstechnologie in Industrie und Verwaltung bewirkt eine Erhöhung der Produktivität, aber gleichzeitig ein Ansteigen der Arbeitslosigkeit. Der Abbau raumzeitlicher Beschränkungen, die Internationalisierung der Märkte und vor allem die Verschärfung des globalen Wettbewerbs wirken sich in allen Wirtschaftszweigen aus und führen zu einer Neuverteilung der Wirtschafts- s t a n d o r t e. Aber auch in gesellschaftlicher Hinsicht bringt diese Entwicklung hin zur Informationsgesellschaft tiefgreifende Veränderungen – führt sie doch zu einer immer drückender werdenden Polarisierung und Individualisierung der Arbeitswelt.

Mit der Informationswirtschaft entsteht ein neuer, vierter Sektor neben den klassischen Wirtschaftssektoren Landwirtschaft, Produktion und Dienstleistung. Aus dieser Entwicklung ergeben sich zwangsweise neue Anforderungen an die Aus- und Weiterbildungssysteme. – Die Informationsgesellschaft bringt aber auch neue Kulturformen hervor, die sich nicht mehr am regionalen Milieu orientieren und innergesellschaftliche kulturelle Barrieren stürzen. Das Informationszeitalter ändert den Alltag!

Unter Einbeziehung der neuen Anforderungen zur Beherrschung und weitreichenden Nutzung der elektronischen Medien wandelt und erweitert sich der Bildungsbegriff. Neue Kenntnisse, Vorstellungen und Einstellungen sind notwendig. Das Verhältnis von traditioneller Bildung zur „Medienkompetenz" soll untersucht werden, welche Rolle spielt Medienkunde innerhalb des Bildungskanons, handelt es sich um ein

Gegensatzpaar oder um Ergänzung, ist Information ein Gut oder eine Ware? – Diesen Fragen ist ein eigenes Kapitel der Studie gewidmet.

Der Versuch, eine befriedigende, umfassende Definition des Begriffes „Bildung" zu formulieren, läßt die Vielschichtigkeit des Themas erkennen. Bildung kann nicht mit einem einfachen Satz beschrieben werden. Der Begriff ist positiv als Wert besetzt, er ist vermengt mit Gehalten der Kultur, mit einem Weltbild, mit Gelehrsamkeit und Gedächtniswissen, mit Wertvorstellungen, aber auch mit gehobenen Bedürfnissen und Kompetenz.

Bestimmte Erwartungshaltungen werden an Bildung geknüpft: aktiv: an sicheres und verläßliches Benehmen, an Solidarität, an Belesenheit, an Eloquenz und sprachliche Ausdruckskraft, passiv: anerkannt zu werden. Mit dem Merkmal der Bildung ist zugleich ein neues Kriterium sozialer Schichtung entstanden. In der Umgangssprache bedarf es keiner Definition, man verwendet den Begriff als Wert und geht mit ihm emotionell um.

Es ist die Absicht der vorliegenden Arbeit einen kurzen historischen Rückblick zu geben auf Ereignisse, die die Entwicklung und den Wandel des Bildungsbegriffes beeinflußt haben. Jede politische Veränderung, Entdeckung, Erfindung, neue Technologie u.a. wurde im Bildungskanon reflektiert. – Die letzten hundert Jahre bilden einen Schwerpunkt der Untersuchung. Was gehörte um 1900 zu einer qualifizierten Allgemeinbildung und welche Vorstellungen gelten hundert Jahre später, beim Eintritt in ein neues Jahrtausend; wie hat sich das Bildungserfordernis gewandelt um das „Abenteuer des Suchens" (W.v. H u m b o l d t) erlebbar zu machen und kulturell handlungsfähig zu leben?

Bildung ist ohne Wissen nicht zu haben. Wann aber wird Wissen zur Bildung?

Der Schriftsteller und Übersetzer Hans Magnus E n z e n s b e r g e r hat einmal versucht, das Wissen M e l a n c h t h o n s mit dem einer modernen Friseuse zu vergleichen. An Informations- m e n g e hatte der Reformator der Friseuse nichts voraus. Während M e l a n c h t h o n die Wissensgebiete seiner Zeit beherrschte (die Lehren der Schulphilosophen und der Kirchenväter und die klassischen Sprachen) verfügte die Friseuse über große Mengen an kurzlebigem Wissensmaterial (Schlagertexte, Werbeslogans, hunderte Filme, Kochrezepte, Kosmetiktipps usw.). Das Gedankenexperiment zeigte, daß Wissen einer Struktur bedarf, um zur Bildung zu werden und gedankliche Beweglichkeit innerhalb einer Kultur zu ermöglichen.

Wenn wir uns vor Augen führen, daß die durchschnittliche Lebenserwartung in der westlichen Welt in den letzten hundert Jahren, um mehr als zwanzig Jahre gestiegen ist, daß wir zwei Weltkriege erlebt haben, daß wir Faschismus und Kommunismus kommen und gehen gesehen haben, daß die Energie für unsere Industrie nicht mehr aus der Dampfmaschine, sondern neuerdings aus dem Atomkraftwerk als Starkstrom kommt, daß die Nachrichtenübermittlung nicht mehr per Telegraf und Tiefseekabel sondern drahtlos mit Bildübertragung passiert, daß der Luxusliner und die Dampflokomotive vom Überschallflugzeug, von der Magnetschnellbahn und von Millionen Autos verdrängt werden, daß wir klonen und in vitro fertilisieren, daß die Abenteuer, Hoffnungen und Schrecken der Sciencefiction Literatur von Jules V e r n e bis George O r w e l l realisierbar sind oder zumindest wären, daß selbst Aldous L. H u x l e y´s Horrorvisionen der „Schönen neuen Welt" fast schon in den

Bereich des Möglichen rücken, daß utopische Romane ihren großen Schrecken verloren haben, weil sie die Realität eingeholt hat, und, und, und...und daß diese Veränderungen in Gesellschaft und Kultur ihren Niederschlag gefunden haben, dann können wir uns nur über unsere eigene Flexibilität und mentale Belastbarkeit wundern. – Ein wenig atemlos sind wir aber zeitweise schon geworden!

Um 1900 hat die Tonkonserve Schallplatte noch nicht den Markt erobert gehabt, allseits wurde gesungen, getanzt und musiziert, Musik zählte zur Kulturtechnik wie Lesen, Schreiben und Rechnen. Hundert Jahre später ist der Platz von „Medienkunde" besetzt, Musik wird überwiegend passiv von der Schallplatte oder anderen Tonmedien konsumiert. Durch diese neuen Techniken ist auch jederzeit die Möglichkeit gegeben, Spitzeninterpretationen aufzurufen, wodurch die Qualität des Musikerlebens gestiegen ist, aber mit der Folge, daß viele Musiker bei dem Vergleich des eigenen Vortrages mit dem eines Meisterinterpreten das Handtuch geworfen haben. A k t i v zu musizieren wurde dadurch in eine exklusiv besetzte Nische verdrängt.

Für Bildung im Allgemeinen ist Zeit, Ort und Kultur bestimmend, für die individuelle Bildung ist noch dazu der soziale Status der Familie relevant. Eine Milderung des Einflusses der sozialen Position auf die Bildungslaufbahn ist zwar gegenüber früheren Generationen festzustellen, verschwunden ist er allerdings nicht.

Der Historiker H.v. T r e i t s c h k e hat in einer „Politik"-Vorlesung 1896 aufgezeigt:

„Das bloße Dasein zu fristen ist für den Barbaren der Hauptinhalt des Daseins. Und so gebrechlich und bedürftig ist von Natur unser

Geschlecht, dass auch auf höheren Kulturstufen die ungeheure Mehrheit der Menschen immer und überall der Sorge um das Leben, der materiellen Arbeit ihr Dasein widmen muß....Keine Kultur ohne Dienstboten. Es versteht sich doch von selbst, wenn nicht Menschen da wären, welche die niedrigen Arbeiten verrichten, so könnte die höhere Kultur nicht gedeihen. Wir kommen zu der Erkenntnis, daß die Millionen ackern, schmieden und hobeln müssen, damit einige Tausende forschen, malen und dichten können."

Diese pragmatisch-nüchterne Schilderung wurde vor über 100 Jahren gegeben! Grundlegendes hat sich seither nicht verändert.

Eine wissenschaftliche Analyse menschlichen Verhaltens und Strebens stammt von dem amerikanischen Psychologen Abraham H. M a s l o w (1908-1970), einem Mitbegründer der Humanistischen- Psychologie. Er ging bei seinen Untersuchungen von einer durch Bedürfnisse bestimmten und nach Selbstverwirklichung strebenden Natur des Menschen aus und entwickelte die nach ihm benannte hierarchische B e d ü r f n i s p y r a- m i d e: Die Basis der Pyramide bilden physiologische Bedürfnisse wie Essen, Trinken, Schlafen, in den höheren Schichten finden sich Sicherheitsbedürfnisse, soziale Bedürfnisse, Anerkennung, Liebe, Selbstvertrauen; an der Spitze der Pyramide steht Selbstverwirklichung. Die Befriedigung der Höheren Bedürfnisse setzt die Befriedigung der niedrigeren voraus; ein befriedigtes Bedürfnis motiviert nicht mehr die Handlungen.

Vom Lebenszusammenhang her sind unsere Bedürfnisse der erlebnismäßige Widerschein der Wechselwirkung zwischen Ich und Umwelt. – Nicht um der Wahrheit willen wird Wissen erworben, sondern ganz wesentlich zum Zwecke der menschlichen Bedürfnisbefriedigung. Die jeweils gegenwärtige Situation kann als Mangel für unsere Selbstentfaltung und Selbsterhaltung erlebt werden, der uns zum Handeln antreibt.

Die Gesellschaft, in der wir leben, ist eine Dienstleistungs-, eine Informations- und eine Wissensgesellschaft. Bildung ist die Fähigkeit sich Wissen zu beschaffen, das man nicht hat, also ist Bildung ohne Wissen nicht zu haben, Lernen ist Sinn- und Ordnungsproduktion.

Der Beitrag von Prof. Guttmann beschäftigt sich mit der Aufgabe, Informationen dauerhaft im Gedächtnis zu verankern. Ausgehend von Beobachtungen „lernbereiter Zustände" entwickelte er in neuropsychologischen Studien das Modell „Lernen unter Selbstkontrolle".

Schon im vergangenen Jahrhundert förderte die Ausbreitung der Informationstechnik den Machtgewinn der Medien. Um wieviel schneller und wirksamer geschieht das erst im „Digital-Zeitalter"? Die Medien nehmen immer mehr an der Steuerung der Gesellschaft teil, in wachsender Konkurrenz zu Wirtschaft und Politik. Prof. Gehmacher wirft in seinem Beitrag die Frage auf: „Was steuert die Gesellschaft?"

Gerade in einer Zeit, in der durch die technische Intelligenz ein derart gewaltiger Informationspool vorhanden ist, muß man, um urteils- und selektionskompetent handeln zu können, auf die „Software" einer soliden Allgemeinbildung zurückgreifen können oder ist auf Experten angewiesen, die diese Datenmengen analysieren und Prioritäten erstellen können. Das Problem ist nicht Mangel an Information, es besteht vielmehr darin, aus dem Meer von elektronischem Müll die relevanten Informationen herauszusuchen, Bildung als Orientierungshilfe zu nützen.

Bildung als abhängiges Produkt
wie
bestimmender Faktor der Kultur

Alle menschlichen Kulturen kreisen um die Beziehungen zwischen den Geschlechtern, um Nahrungserwerb, Bedürfnis nach Obdach, Schutz vor Naturgewalten, Schutz vor tierischen und menschlichen Feinden und Streben nach Informationsgewinn um sich das Leben schöner gestalten zu können und um sich einen Vorteil gegenüber Konkurrenten zu verschaffen.

Der Mensch ist ein erziehbares und erziehungsbedürftiges Wesen, er besitzt schöpferische Fähigkeiten, die ihn für seine Kultur verantwortlich machen. Im Rahmen der Freiheit besteht nach K a n t eine natürliche Verpflichtung zur Wahrnehmung der Vernunft.

Die Vorstellung der Aufklärung, daß es eine einheitliche menschliche Natur gäbe, deren Eigenschaften absolut bestimmbar wären und die durch Erziehung zur Vollendung gebracht werden könnten, erwies sich als irrig. - Der französische Soziologe und Begründer der empirischen Sozialforschung Emile D u r k h e i m (1858-1917) und seine Schule erkannten, daß es eine allgemein gültige Erziehung für das Menschengeschlecht nicht gibt. Vielmehr wird das Ziel der Erziehung von der jeweiligen topographisch, kulturell und zeitlich eingegrenzten Gesellschaft entworfen. Jede Gegenwart produziert eine neue unbekannte Zukunft und die Gesellschaft, die sich dem durch Reflexion anpaßt, unterliegt folglich einem ständigen Wandel. Das Ziel der Erziehung richtet sich nach dem jeweiligen Idealbild. Der Mensch, der wir durch Erziehung werden sollen, ist der, der den Anforderungen des Idealbildes am nächsten kommt.

Auf H e r a k l i t wird die Erkenntnis „pantha rhei" (alles fließt) zurückgeführt, ob geistige oder materielle Werte, alles ist ständigem Wandel unterworfen, vom Modetrend bis zum Bildungsideal, also unser gesamtes Weltbild: Kultur, Werte(hierarchie), Bildung. Das verlangt eine Persönlichkeitsbildung mit einer sozialen und rationalen Komponente.- Unser Leben ist also nicht nur durch unsere Erbanlagen, das Genom, sondern auch von der Gesellschaft bestimmt, in die wir hineingeboren werden. Die Ausschöpfung des anlagemäßigen Potentials in den kulturellen Gestaltungen ist unterschiedlich, sie ist von der kulturtypischen Werteinstellung des Umfeldes bestimmt, besonders von den wechselnden Inhalten der ethischen und ästhetischen Bewertungen (gut – böse, schicklich – unschicklich, schön – häßlich, usw).

Die kulturellen Strukturen, die vorrangig die Forderungen und Erwartungen an die Bildung bestimmen, lassen die typischen Lebensformen einer Bevölkerung in ihrer Geistesverfassung auf den Gebieten Recht, Staat, Sitte, Sprache, Religion, Kunst und Wissenschaft erkennen, sie wecken auch das Bedürfnis nach Ausdruck in Musik, Tanz, Sagen, Dichtung, Malerei und bildender Kunst allgemein.

Bildung, also Suche nach Erklärungen, nach neuen Erkenntnissen und Tradierung von Erlerntem, ist sowohl abhängiges Produkt wie bestimmender Faktor der Kultur. Sein Wissen vermag der Mensch von Generation zu Generation weiterzugeben und so die Erfahrung zu kumulieren. Das Kulturgut wächst und erweitert damit Macht und Vermögen der Nutznießer. Durch Bildung können wir lebenswichtige und lebensbereichernde Informationen schneller sammeln als das auf genetischem Weg über Mutation und Selektion möglich wäre.

Eine weitergehende Wissenskumulation erfolgt dann in für das einzelne Individuum überschaubaren speziellen Teilbereichen. Höhere Formen der rechtlichen Sensibilität zum Beispiel, und vor allem die Umsetzung in höhere Formen rechtlichen Verhaltens, führen zu weitergehenden Voraussetzungen, etwa zu demokratischer Gewaltenteilung.

Die Sozialchancen eines Volkes wie jedes Individuums hängen unmittelbar von dem Maß der jeweiligen Partizipation an dem kumulierten Kulturgut ab. Mit jeder Information, die man aufnimmt, ändert sich die Bedürfnisstruktur und das Weltbild des Menschen und damit zugleich – wenn auch in sehr unterschiedlichem Tempo – der persönliche Wertekanon.

Im Mittelalter fand man Wahrheit in der Bibel und durch scholastische Diskussionen und Rekurs auf Aristoteles; aufrechterhalten wurde die Wahrheit dadurch, daß man alle, die daran nicht glauben wollten, dem Scheiterhaufen übergab. Zweck des Lernens war, Sicherung des Bestehenden. Die Zukunft war die Ankunft des Vorherbestimmten. Gebet und Religion sollten sicher machen, daß allem, was geschah, ein Sinn innewohnt. In der Reformation wurde diese heilige Wahrheit in Frage gestellt, Roms Anspruch, alleinige Verwalterin der Wahrheit zu sein, wurde verworfen. – Glaube und Wissen wurden aus zwei verschiedenen Quellen geschöpft: Bibel und antike Philosophen. Der Widerspruch zwischen diesen beiden Quellen führte zum Kampf um den Glauben; andererseits führte das neue Wissen über die Natur zu den

Naturwissenschaften. Durch G a l i l e i und N e w t o n hat sich das Wissen vom Glauben unabhängig gemacht.

Mit K e p l e r, D e s c a r t e s und G a l i l e i gelang der Übergang zur neuen Wahrheitsfindung. Das einzige Kriterium für die Allgemeingültigkeit von Naturgesetzen war ab nun das Experiment mit einem reproduzierbaren und genau meßbaren Ergebnis.

Auch politisch war eine grundlegende Änderung eingetreten. – Am Ende der konfessionellen Bürgerkriege in Europa konnte eine Übereinstimmung in religiösen Wahrheitsfragen nicht mehr Grundlage der rechtlichen Friedensordnungen sein. Ein Paradigmenwechsel ergab sich daraus auch in der Politik.

Thomas H o b b e s übertrug naturwissenschaftliche Methoden auch auf die Staatslehre („Leviathan", 1650) nach dem Prinzip: „autoritas, non veritas facit legem", die Legitimität der Entscheidungen beruht nicht auf deren Richtigkeit, sondern auf der Legitimität des Verfahrens, mittels dessen sie zustande kommen. Der Souverän, die Autorität, kann durch eine Person oder eine „Versammlung" verkörpert werden. Dem Gewaltmonopol des neuzeitlichen Staates liegt eine überragende Wertschätzung in den konstitutiven Wert des innerstaatlichen Friedens zugrunde.

Der Geist der Aufklärung hat das Bild Europas wesentlich verändert. Der Aufklärung geht es um eine bessere Welt. Es gilt, den existierenden oder nichtexistierenden Göttern zu beweisen, daß die Sterblichen fähig sind, sich eine Welt auszudenken, die besser ist als die gegenwärtige. Erst von dem Moment an, da der Mensch zum Selbstschöpfer oder Selbsterlöser wird, kann er sich eine Welt ohne Sünde, Gewalt und Leid denken. Denn die Aufklärung entlastet die Götter und bürdet die Schuld für alle Übel den

Menschen auf. Nur er selbst kann sich von Gewalt und Qual, den „Übeln der Welt", befreien. Diejenige Instanz wird damit zum Subjekt der Befreiung, die das Übel verursacht hat, eben der Herrscher, die Gesellschaft, ihre Repräsentanten[2].

Zukunft wurde mit „Fortschritt", einem Begriff des 18. Jahrhunderts, verbunden. Monarchen, Staatsmänner und Kardinäle entschieden über Ziele und Umfang erzieherischer Aktivitäten. Erlösung wurde nicht mehr allein vom Glauben, sondern neuerdings durch Erziehung erwartet.

Die Aufklärung bringt das steigende Interesse an Irdischem, an der größer werdenden Welt mit sich und damit erstmalig das Ausgreifen auf außereuropäische Kulturen. Die arabisch-islamische Kultur wird der degenerierten europäischen als die bessere gegenübergestellt. Sarastro, der italienisierte Zarathustra, in der „Zauberflöte" (1791), Selim Bassa in der „Entführung aus dem Serail" (1782) werden als Vertreter außereuropäischer Kulturen als moralische Instanzen gezeigt.

Die Erweckung des Selbstbewußtseins des Menschen möchte die Aufklärung bewirken, des Glaubens an die Kraft seiner Vernunft, die ihn mit fortschreitender Erkenntnis zur Glückseligkeit geleiten sollte und endlich zum gewaltfreien Sieg der Vernunft.

Die Französische Revolution war die Geburtsstunde der Idee der Volkssouveränität und der Menschenrechte, sie sind seither wichtigste Bestandteile aller politischen Programme der letzten 200 Jahre. Das Recht auf Bildung wurde gleichrangig dem Recht auf Leben, Freiheit, Wohlfahrt und Arbeit positioniert.

---

[2] Michael W. F i s c h e r, Aufklärung eine Problemskizze, in Schriftenreihe der Freimaurer – Akademie, Wien 1998

Unter dem Einfluß des Rationalismus wandelte sich aber das Bildungsprogramm. Die Idee der humanistischen Menschenbildung, abgeleitet aus der Entwicklung des griechischen Geistes, verlor ihren Glanz und wurde vom Ideal der Naturwissenschaften abgelöst. Man wandte sich von der humanistischen Gelehrsamkeit ab. Die aufklärerische Erziehung verherrlichte die Naturwissenschaften und brachte eine Wissensexplosion. – Gottfried Wilhelm L e i b n i z (1646-1716) gilt als der letzte „Generalist", er beherrschte noch das Wissen seiner Zeit, vielseitig und umfassend; nach ihm war das keinem Gelehrten mehr möglich (so die Überlieferung!).

Die 35bändige „Encyclopédie"[3] war das Standardwerk der Aufklärung, sie vermittelte den Glauben an den auf Vernunft gegründeten Fortschritt der Wissenschaft, vertrat eine kritische Auffassung gegenüber der Religion und trat für eine konstitutionelle Monarchie ein. Für M. de R o b e s - p i e r r e war sie das „Einleitungskapitel der Revolution".

Die Idee der Enzyklopädisten (Diderot, d´Alembert, J.J.Rousseau, Voltaire, Montesquieu und ca.150 weitere Mitarbeiter) war es, dem Bürger das neue, naturwissenschaftliche Wissen zugänglich zu machen, Bildung als intellektualistisch-lexikalisches Wissen anzustreben.

Durch die ungeheure Entwicklung der Naturwissenschaften wurde ein Bestand an rationalem Wissen angehäuft, der von keinem Menschen zu bewältigen ist.

Der neue Begriff Wissenschaft gründete sich auf Beobachtung und Erfahrung, Experiment und Mathematik; neben die Lehre trat die

---

[3] „Encyclopédie ou Dictionnaire raisonné des sciences, des arts et des metiers" (1751-1780)

Forschung, an die Stelle der Disputationen die Laboratorien, Institute, Kliniken, Seminare und Botanischen Gärten. In dieser Zeit entstand auch ein neuer Typus Universität.

Die Berliner H u m b o l d t - U n i v e r s i t ä t[4] (gegr. 1810) wurde zum Modell einer auf Einheit von Forschung und Lehre beruhenden Reform mit dem Ziel einer Bildung, die Freiräume für jenes Denken schafft, das nicht in beruflicher Verwertbarkeit aufgeht.

In neuer Zeit, der Zeit der Ökonomisierung, ist auch das Modell Humboldt-Universität ins Kreuzfeuer der Kritik geraten. Einem allgemeinen Trend folgend, melden sich Stimmen der Wirtschaft, die nach einer stärkeren Nutzbarkeit der universitären Forschung streben, mehr „Zweck- und Marktorientierung" der Hohen Schulen verlangen. Die akademischen Lehrer, und nicht nur sie, pochen auf den „Selbstzweck" der Wissenschaft und wehren sich gegen die Gleichsetzung von Bildung und Ausbildung. Die wissenschaftliche Forschung an Universitäten ist nicht in erster Linie der Verwertung, sondern dem wahren Wissensfortschritt verpflichtet.

Der Institutsvorstand des Instituts für Philosophie an der Universität Wien, P. K a m p i t s, mahnt mit einem Vergleich: „Joseph II. hat 1782 dekretiert, daß an den Universitäten nichts gelehrt werden soll, was die Studenten nachher entweder sehr seltsam finden oder gar nicht zum Besten des Staates gebrauchen oder anwenden können. – Diesen Josephinismus haben wir jetzt durch naives Wirtschaftsdenken ersetzt. – Die angepeilte Zivilgesellschaft bedarf aber mehr als marktgerechter Spezialisten, nämlich

---

[4] Wilhelm v. H u m b o l d t, 1767-1835, seine Reorganisation des preuß. Bildungswesens hatte weitreichende Auswirkungen auf die deutsche Bildungsgeschichte.

reflexionsfähiger, kritischer, gebildeter Bürger". – Die heilige Kuh ist heute die Ökonomie. Bleibt abzuwarten, in welche Richtung sich das Pendel bewegen wird.

Neben den allgemein bildenden höheren Schulen wurden, einem Wunsch der Wirtschaft folgend, im frühen 19. Jahrhundert Berufsbildende Fachschulen (Handelsakademien, Ingenieurschulen etc.) gegründet. Als Fach h o c h schulen im Universitätsrang gibt es sie erst seit 1968.

Das wissenschaftliche Weltbild war seit N e w t o n s „Principia"[5] von diesen geprägt. N e w t o n galt als Prophet der neuen Zeit. Die Wissenschaft der folgenden zwei Jahrhunderte glaubte, daß ihr nur die Aufgabe gestellt sei, N e w t o n s Mechanik auf immer weitere Gebiete der Erfahrung anzuwenden, das Kausalgesetz galt als Grundregel für a l l e wissenschaftliche Arbeit.

Innerhalb der ersten zwei Jahrzehnte des 20. Jahrhunderts kam es zum Bruch in der Struktur der Naturwissenschaft, N e w t o n s Mechanik wurde schwer erschüttert.

Es begann damit, daß Max P l a n c k erkannte, daß Strahlungsenergie nicht kontinuierlich, sondern in Portionen oder Quanten abgegeben wird. Der quantentheoretische Dualismus von Wellen und Teilchen bewirkt, daß dieselbe Realität sowohl als Materie, als auch als Kraft in Erscheinung tritt. Durch die Quantentheorie hat man gelernt, daß exakte Naturwissenschaft ohne die Grundlage des dogmatischen Realismus möglich ist. Im Zuge der quantenmechanischen Revolution wurde die (Natur-)Wissenschaft mit der Entdeckung des Zufalls konfrontiert. – Das Ende des Determinismus war

---

[5] Philosophiae naturalis Principia mathematica, 1687. (Mathematische Grundlagen der Naturlehre.)

gekommen. In der Quantenphysik läßt sich das zukünftige Verhalten eines Teilchens nur mit einer bestimmten Wahrscheinlichkeit voraussagen. Welche Eigenschaft (Teilchen oder Welle) ein Elektron annimmt, entscheidet die Art des Experiments. Die Wirklichkeit hängt also vom Beobachter ab!

Das wirft erkenntnistheoretische Probleme ersten Ranges auf: Wenn man nur das über die Natur wissen kann, was man tatsächlich gemessen hat und die Meßergebnisse vom Beobachter abhängig sind – kann man dann überhaupt etwas mit letzter Gültigkeit wissen? Die Wirklichkeit gibt sich nicht nur unter e i n e m Aspekt zu erkennen!

Die Relativitätstheorie und vor allem die Quantenmechanik brachten grundlegende Umwälzungen im Verständnis der Kausalität und in der Konstruktion des Wissens. Die Naturwissenschaften glaubten nicht an Wirkung ohne Ursache. Die Begriffe der Ursache und der Wirkung werden auf A r i s t o t e l e s zurückgeführt: „Das Ziel unserer Forschung ist Wissen. Menschen glauben nicht, einen Gegenstand zu kennen, wenn sie nicht das <Warum> (seine primäre Ursache) erfaßt haben" (Aristoteles, Physik, Buch 2).

Er nennt vier Ursachearten: materiale Ursache, formale Ursache, Wirkursache und Zweckursache, wobei die Wirkursache (causa efficiens) für seine weitere Analyse besonders wichtig wurde. Sie ist es auch, die die neuzeitliche Naturwissenschaft zum universellen Erklärungsmodell erhebt. Das Kausalprinzip (<Nichts geschieht ohne Ursache!>), das als Anwendung des Satzes vom zureichenden Grund (G.W. L e i b n i z) auf die Natur anzusehen ist, wurde zum Leitgedanken der Naturwissenschaft.

Weil nun die reale Welt in der Mitte des 18. Jhdts im wesentlichen als geordnete Welt galt und man annahm, daß Ereignisse nicht einfach zufällig geschehen, formulierte David H u m e seine Überlegung so: „Eine Ursache ist ein Gegenstand, der einen anderen zur Folge hat, wobei alle dem ersten ähnliche Gegenstände solche, die dem zweiten ähnlich sind, zur Folge haben" und 1759 postulierte er: „Hätten wir den geringsten Verdacht, daß der Lauf der Natur sich wandeln könnte, und daß die Vergangenheit keine Regel für die Zukunft wäre, dann würde alle Erfahrung nutzlos und könnte keinerlei Schlußfolgerungen oder Ableitungen begründen."

Der Naturwissenschaftler Hermann v. H e l m h o l t z schrieb hundert Jahre später, in einem Nachtrag zu seinem berühmten Aufsatz „Über die Erhaltung der Kraft" (1847), in Anlehnung an H u m e: „Ich habe mir erst später klar gemacht, daß das Prinzip der Kausalität in der Tat nichts anderes ist, als die Voraussetzung der Gesetzlichkeit aller Naturerscheinungen."

Während der letzten drei Jahrzehnte ist der Glaube an objektives, naturwissenschaftliches Wissen, ein Glaube der bislang als unzweifelbare Grundlage fast aller Ausbildung diente, durch beunruhigende Veränderungen in der Philosophie der Naturwissenschaften selbst erschüttert worden. – Die neue Auffassung unterscheidet sich von der hergebrachten darin, daß sie ganz bewußt die Vorstellung aufgibt, daß Wissen eine Repräsentation einer vom Beobachter unabhängigen Welt an sich sein könnte oder sollte (v. G l a s e r s f e l d).

Zu dem Zeitpunkt, als die Naturwissenschaft zum ersten Mal direkt die Lehre der Kirche in Gefahr brachte, trat das Erkenntnisproblem (wieder) in den Vordergrund. Kardinal B e l l a r m i n gab G a l i l e i in seinem

Versuch, diesen Konflikt zwischen Wissen und Offenbarung zu lösen, den Rat, seine Theorie als erfahrungsbegründende Theorie auszugeben, deren Zweck allein darin bestände, Beziehungen zwischen Erfahrungsereignissen zu berechnen und Vorhersagen im Bezug auf solche Ereignisse anzustellen. Darin, so sagte er, läge keinerlei Häresie. Auf keinen Fall aber dürfe G a l i l e i seine Theorie als eine Beschreibung der Welt Gottes ausgeben. Das heißt, er forderte G a l i l e i auf, seine Theorie als d o x a (Meinung, Erfahrungswissen) aufzufassen und nicht als g n o s i s (metaphysisches Wissen), denn g n o s i s lag ausschließlich im Bereich der Kirche und nur der Kirche allein.

E i n s t e i n, F r e u d und andere hatten bereits ein Jahrzehnt vor der Verbreitung der neuen Auffassung die Grundsteine gelegt, auf denen sich seither die große Wandlung vollzogen hat. Der begriffliche Umsturz der Forschung hat unser Denken und Leben – das heißt Denken und Leben der gewöhnlichen Menschen – nur insofern berührt, als er es ein wenig unsicherer gemacht hat.

Unser Weltbild ist aber schon einige Male umgestürzt worden, ohne das Denken und Leben der gewöhnlichen Menschen merklich zu verändern. In unserem täglichen Dasein ist es ziemlich belanglos, ob sich die Sonne um die Erde dreht oder die Erde um die Sonne. Dem menschlichen Alltag ist es auch einerlei, ob die Himmelskörper sich nach dem N e w t o n 'schen Gravitationsgesetz bewegen oder nach den Gleichungen des E i n s t e i n 'schen Kontinuums. Doch der jüngste Umsturz in der Wissenschaft hat nicht nur – und das unterscheidet ihn von früheren – ein paar Gesetze und Vorstellungen über den Haufen geworfen, sondern er hat das Naturgesetz in seiner herkömmlichen Form eliminiert und auf Vorstellungen überhaupt verzichtet. Statt des Gravitationsgesetzes haben wir die Relativitätstheorie, statt des Kausalprinzips die Wahrscheinlichkeitsrechnung, statt des Weltbildes Formeln, oder, genauer gesagt, Gleichungen. Der moderne Wissenschafter spricht nicht mehr von Tatsachen, sondern höchstens von Beobachtungen; und der Laie kann nicht mehr verkünden, es handle sich um eine „wissenschaftliche Tatsache" sondern: Auf Grund dieser oder jener Theorie..... Was wir gemeinhin als Wirklichkeit bezeichnen, ist durch die Methoden der modernen Wissenschaft zwar viel berechenbarer, dafür aber viel unvorstellbarer geworden (v. G l a s e r s f e l d).

In traditioneller Auffassung wurde der Beobachter von seinen Beobachtungen getrennt (H e l m h o l t z 'scher locus observandi) und alle Rückbezüglichkeit in wissenschaftlichen Aussagen mußte sorgfältig vermieden werden, eine beschreibungsinvariante „objektive Welt" wurde postuliert. Wir sehen uns heute herausgefordert, eine beschreibungsinvariante „subjektive Welt" zu entwickeln, eine Welt, die den Beobachter einschließt.

Die moderne Forschung beschränkt sich darauf, Wahrnehmungen zu registrieren und mit Hilfe von Formeln zu organisieren. – Man wird sich daran gewöhnen – umso leichter und schneller, je konsequenter man die klassische Vorstellung von der Welt aufgibt und die Gegenwart der Gleichungen, der Funktionen und der Relativität im eigenen Denken zu akzeptieren beginnt.

Heute bildet die Quantentheorie die Grundlage der modernen Physik, sie wurde von Max P l a n c k, Albert E i n s t e i n, Erwin S c h r ö d i n g e r, Werner H e i s e n b e r g u.a. geschaffen. Ohne Quantentheorie gäbe es keine Laser- und keine Halbleitertechnik und damit keine Computer und keine Handys.

Unter dem Titel „Entzauberung der Welt" problematisiert Max W e b e r[6] (in „Wissenschaft als Beruf", 1919) die für die westliche Geistesentwicklung charakteristische Abkehr vom mythischen Weltbild. Ersetzt wird es durch wissenschaftliche Rationalität, die dem Zwang unaufhörlichen Fortschritts unterliegt. Jede gewonnene Einsicht wird früher oder später überboten und veraltet daher. Die naturwissenschaftliche Deutung der Welt besteht in dem Bewußtsein, daß alle ihre Erklärungsversuche nur temporär und lückenhaft sind und durch neu hervorgekommene Erkenntnisse abgeändert werden können. Die Naturwissenschaft kennt keine absoluten Wahrheiten und Dogmen. Die Wissenschaft muß ihre Erkenntnisse immer wieder in Frage stellen und überprüfen.

Die Wissenschaft enttäuscht hochgespannte Erwartungen unseres Glücksverlangens. Aber sie ist trotz ihrer Schranken jener künstlichen Mystik vorzuziehen, die auch in der Gegenwart, unter dem Stichwort Esoterik, feilgeboten wird.

Über den endlosen Streit der neuen, als Ideologien wiederkehrenden Mythen waltet n i c h t die Wissenschaft, wissenschaftlich zu verstehen ist hieran lediglich, „was das Göttliche für die eine und für die andere....Ordnung ist." (M. W e b e r)

---

[6] Max W e b e r, 1864-1920, deutscher Soziologe. Seine religionssoziologisch begründete Theorie von der Entstehung des modernen Kapitalismus fand weite Verbreitung.

Bildung durch Schule

Ein Problem, das sich den Menschen aller Kulturen stellt, ist, ihren Standpunkt in der Welt zu klären und Orientierungshilfen zu suchen.

Wert-Inhalte müssen bestimmt werden.

Über den Weg der Erziehung und Unterweisung werden Kenntnisse und Verhaltensweisen früherer Generationen übernommen. Das Traditionsgut zu sichern ist jeder menschlichen Gesellschaft ein fundamentales Anliegen. Die Weitergabe erworbenen Wissens ermöglicht es der nachwachsenden Generation aus dem Erfahrungsgut der Vorfahren weiterzulernen und dieses Erfahrungsgut unablässig anzureichern.

Der Schulunterricht leistet Gewähr dafür, daß das, was einmal höchste Stufe der Wissensentwicklung war, zum allgemeinen Kulturgut und zum selbstverständlichen Besitz jedes Menschen werden kann. Intensiviert man über ein institutionalisiertes Bildungswesen die Tradierungsprozesse, ist eine entsprechend größere Streuung des überlieferten Kulturguts zu erwarten. Schrift, Inbegriff der Wissenschaft der frühen mesopotamischen und ägyptischen Hochkulturen, ist durch die Schule eine elementare Kulturtechnik geworden. Lesen zu können bietet die Möglichkeit, in einem größeren Umfang an dem Kulturgut auch einer Gesellschaft mit nicht bloß oder überwiegend mündlicher Tradition, teilzuhaben, der Zugang zu jeder Form schriftlich faßbaren Kultur wird eröffnet.

Wir finden heute in den Schulbüchern unserer Hauptschulen weite Teile an Lehrgut, das im vorigen Jahrhundert noch über Universitätslehrstühle vermittelt wurde. – Die Wissenskumulation trägt auch einen

Beschleunigungseffekt zur kulturellen Entwicklung bei, nämlich die Möglichkeit, daß mit dem Traditionsgut auch die Kombinationsmöglichkeiten der vorhandenen Informationen wachsen und sich so die Wahrscheinlichkeit neuer aufschließender Erkenntnisse erhöht.

Der frühgriechische Elementarunterricht wurde im Hellenismus und im Späthellenismus zur Lehrtradition der „septem artes liberales"[7] erweitert, die auch in den Kloster- und Lateinschulen den Lehrplan bildeten und als Propädeutik für die höheren Studien Theologie, Recht und Medizin durch Jahrhunderte beibehalten wurden.

Im Mittelalter entstand ein einheitliches vom Christentum geprägtes Weltbild; mit Humanismus und Reformation begann die Entwicklung mehrerer, miteinander konkurrierender Weltbilder. Im Glauben an den Fortschritt suchte die Aufklärung den Menschen aus „selbstverschuldeter Unmündigkeit" (I. K a n t) zu führen.

Die Aufklärung erhob die allgemeine Schulpflicht zum Prinzip, erweiterte den Bildungskanon und gab mit den Naturwissenschaften auch dem Geist des Positivismus Raum, d.h. die Bewertung menschlicher Erkenntnis auf verifizierbaren Tatsachen.

In allen politischen Programmen, ob konservativ, liberal oder sozialistisch stand die Selbstbestimmung des Menschen neuerdings an vorderster Stelle, abgeleitet aus den Forderungen der großen Revolutionen des 17. bis 19. Jahrhunderts.[8]– Heute muß diese Forderung neu formuliert werden. Gerade

---

[7] Eine Lehrordnung, die bis in die Zeit des Humanismus galt. Sie umfaßte im T r i v i u m: Grammatik, Dialektik und Rhetorik und im Q u a d r i v i u m: Arithmetik, Geometrie, Musik und Astronomie.
[8] 1688 Englische Revolution, 1776 Amerikanische -, 1789 Französische-, 1848 und spätere.

die Wissenschaft, von der die größte Unterstützung erwartet wurde, raubt uns einen Teil der Illusion: in unseren Erbanlagen ist unser Schicksal weitgehend festgesetzt.

Im Laufe der menschlichen Evolution haben die Nervenzellen in unserem Gehirn eine ganz spezielle Entwicklung genommen. Die Informationsverarbeitung im Gehirn ist überaus komplex: eine Nervenzelle ist jeweils mit bis zu 10.000 anderen Neuronen aktiv verknüpft, d.h. jede Nervenzelle beeinflußt etwa 10.000 andere und wird selbst von all diesen Neuronen beeinflußt. Die Verknüpfung der Neuronen untereinander und mit den Erfolgsorganen erfolgt durch Synapsen; die Übertragung geschieht durch chemische Wirkstoffe, die Neurotransmitter genannt werden. Bedenkt man, daß es im Gehirn viele Milliarden Nervenzellen gibt, so läßt sich die ungeheure Komplexität der Informationsverarbeitung erahnen.

In der Hirnrinde (Kortex) sitzt die Fähigkeit zum Lernen, zum Denken und das Gedächtnis. Es hat die Fähigkeit Vorstellungen zu erzeugen, einzuordnen, zu modifizieren und die Möglichkeit des Abrufes von solchen Erinnerungsbildern. Es enthält die neuronale Grundlage des Selbst, des Bewußtseins.

Besonders in den ersten Lebensjahren, bis hin zur Pubertät, ist das menschliche Gehirn von großer Plastizität. Wir treten in die Welt mit einem genetisch vorgegebenen Überangebot von Kontakten zwischen den Nervenzellen. Damit diese Kontakte nutzbar gemacht werden, müssen sie durch Informationsverarbeitung bestätigt werden. Die nicht bestätigten Kontakte werden abgeschaltet. Somit wird die Grundmatrix unseres Erlebens und auch unserer Erfahrung in der Kindheit durch sogenannte „Prägung" festgelegt. Eine solche Prägung bezieht sich nicht nur auf

Vorgänge der Wahrnehmung, sondern auch auf unsere Gefühle und Wertsysteme.[9] Zur Klärung der Komplexität muß man von einer gleichzeitigen direkten Einflußnahme aller Aktivitäten im Gehirn ausgehen. Es gibt also kein Gefühl ohne Gedächtnis oder Denken, kein Wollen ohne Wahrnehmung, Erinnern oder Bewerten. Es gibt daher auch keine „reine Vernunft" als Kategorie des Erlebens, auch kein „reines Gefühl". – Man kann auch nicht abfragen ob etwas angeboren oder erworben ist: es ist beides.- Die Nachhaltigkeit von Gelerntem geht mit zunehmendem Alter zurück. Der Austausch von Information zwischen Nervenzellen kann erregend oder hemmend sein. Ein ausgewogenes Verhältnis von Erregung und Hemmung kennzeichnet den Normalzustand.

Obwohl der Wissenschaft schon so viele Schritte zur Aufklärung gelungen sind, bleibt es ein Mysterium, wie ein Kind die ersten Sinneseindrücke wahrnimmt und in psychische Empfindungen umwandelt, wie es lernt z.B. Laute zu registrieren, zu differenzieren und nachzubilden, wie es lernt akustische Signale als Information anzunehmen bis zur Perzipierung der Mutter und zum Formulieren der ersten eigenen Mitteilungen in der Muttersprache – und das alles in wenigen Jahren!

Daraus ergeben sich wichtige Schlußfolgerungen für die Erziehung, vor allem die Verpflichtung der Gesellschaft sich um eine sorgfältige schulische Erziehung der Jugend zu kümmern. Die Politik ist gefordert, gesellschaftlicher Diskurs ist vonnöten. Die lebensbestimmende Prägung in der Kindheit liegt zu einem großen Teil in der Verantwortung der Erzieher: die Einbindung in die umgebende Gesellschaft, die soziale und rationale

---

[9] Nach E. P ö p p e l, Einblick in die Hirnforschung, Fragen an das 21. Jahrhundert, Wien 2000

Persönlichkeitsbildung, die Wahrnehmung der größtmöglichen Entwicklungschancen aus dem genetischen Angebot der nachkommenden Generation. Die Grundschule trägt die Verantwortung für die Einstellung des heranwachsenden Menschen zu lebenslangem Lernen, zum Spaß am Lernen überhaupt. Werthaltung und Charakterformung werden frühkindlich geprägt, die Verantwortung dafür liegt in hohem Maß beim Grundschullehrer. Ein wichtiger Teil davon ist die Kultivierung der Sprache. Wie das Kind sich sprachlich bewährt ist für sein Selbstgefühl von großer Tragweite. Ich-Entwicklung setzt Sprachentwicklung voraus. Wer sich nicht mitzuteilen versteht, läuft Gefahr anzuecken oder in Minderwertigkeitsgefühle abzusacken (und diese dann eventuell aggressiv überzukompensieren). Konflikte durch Verhandeln lösen zu können, hat frühe Sprachkompetenz zur Voraussetzung.

Mit einem wirksamen Bildungssystem besteht auch die Möglichkeit, soziale Ungleichheit zu überbrücken.

Bildung ist ein Gut von individuellem wie von kollektivem Nutzen. Eine Studie des Institutes für Markt- und Sozialanalysen IMAS erhob über einen Zeitraum von 25 Jahren die Erziehungsziele, die die Österreicher für wünschenswert halten und ihren Kindern vermitteln wollen. An Wert gewonnen haben in dieser Zeit: Ehrgeiz, Härte und Nonkonformismus. Nach einer Analyse der Psychologin Rotraud P e r n e r sind „diese Eigenschaften, die vor allem als Tugenden der Manager hingestellt werden, eigentlich pathologische Störungen". Nonkonformismus sei nichts anderes als das Bedürfnis auf jeden Fall aufzufallen; die Notwendigkeit erwächst aus der immer größer werdenden Konkurrenz, „man hat das Gefühl unterzugehen, wenn man sich nicht von den anderen abhebt". Solidarität wird nicht anerkannt, der Einzelkämpfer dagegen sei modern.

Komplexe Probleme werden drastisch moralisch simplifiziert auf die Kategorien von Gut und Böse. Nur Gewinn zählt, Menschen sind „Kostenfaktoren auf zwei Beinen". Die Kultur des Denkens – geprägt von Toleranz, Reflexion und Differenzierung – hat es derzeit schwer. Was zählt mehr? Wissen oder Cleverness und Schläue, Würde oder Glamour, Respekt oder Druck und Angst? – Wir leben in einer sozialen Umgebung, in der es darauf ankommt, alles ins rechte Bild zu setzen. Wer für wichtig gehalten werden will, muß sich sichtbar machen. Über fehlende Inhalte helfen Styling und Design hinweg. Ehe der Mensch ist, was er sein will, kann er sich bereits ein Aussehen zulegen, das anderen anzeigt, er sei bereits der, wonach er aussehe.

Allerorts ist heute von Weiterbildung die Rede, Bücher und Kurse werden angeboten, Seminare von Beratern, Hilfestellungen jeder Art, ein richtiger Markt ist entstanden für Bildung, der die Chancen im Berufsleben erhöhen soll. Immer rascher müssen wir uns immer neues Wissen aneignen um den Anschluß nicht zu verlieren. Die Lebensführung ändert sich radikaler als in früheren Generationen. Unser Lernen für die geänderte Lebensführung und Lebensgestaltung beschäftigt sich vorwiegend mit der Adaption der ökonomischen Verhältnisse. - Wir lernen aber auch ohne gezieltes Zutun, durch Austausch mit unserer Umwelt, durch handeln und wahrnehmen der Geschehnisse um uns, nicht nur in den dafür vorgegebenen Institutionen. Dieses Lernen wirkt sogar recht nachhaltig und ist besonders bedürfnisorientiert.

Eine zentrale Funktion für individuelles Lernen gewinnen die sozialen Beziehungen, lernen in der Auseinandersetzung mit Freunden, lernen im Kommunizieren. – Wer bestimmt, was brauchbar ist von dem, was wir lernen? Jegliches Lernen erfolgt vorwiegend selbstgesteuert und selbstorganisiert. Die Notwendigkeit handlungsfähig zu leben, erfordert das bewußte Kultivieren sozialer Beziehungen. Lernen zu wollen, schafft eine Selbstmotivierungskompetenz.

Durch die ungeheure Entwicklung der Wissenschaft ergibt sich natürlich auch an den Schulen die Notwendigkeit einer Erweiterung des Bildungskanons und dieser verlangt die Überarbeitung der Lehrpläne in relativ kurzen Abständen. Dabei ist nicht nur an eine Erweiterung des Systems zu denken, sondern auch an Schnitte und Kürzungen, um den Lehrstoff nicht zu überladen. Es soll ja auch Zeit bleiben, über die die Kinder frei verfügen können, um persönlichkeitsbildenden, außerschulischen Interessen nachgehen zu können.

Auf der Seite der Erweiterungen werden die Fächer Ethik, Politik und Medienkunde (Gebrauch der EDV, des Internet u.a.) genannt. – Für die Medienkunde ist ziemlich leicht eine Zustimmung zu erreichen, von ihrer Notwendigkeit ist eine Mehrheit überzeugt. – Nicht so leicht ist es bei den anderen Fächern.

Bei der vielfachen Einbindung der Bürger in das politische Geschehen und der Übernahme von Verantwortung bei Wahlen und den Elementen der direkten Demokratie ist Urteilskraft gefragt. In der Politik geht es letzlich darum, wie Gesellschaft und Staat beschaffen sein sollen, damit die Menschen in Freiheit und Solidarität menschenwürdig leben können. Um das zu begreifen muß man eine Vorstellung davon haben, was die Lebenswirklichkeit des Bürgers bestimmt und bestimmen sollte.

Zwei Kräfte gefährden die Institution der Demokratie: Der ungehemmte Kapitalismus und alle religiösen Strömungen, die es ablehnen, sich

Gesetzen unterzuordnen, die von Menschen gemäß institutionalisierten Regeln gemacht wurden. Der sich selbst überlassene Markt zerbricht die Gesellschaft in Wohlhabende und solche, die immer weiter in Armut abdriften. Wenn aber die soziale Ungleichheit zu groß ist, dann ist keine Demokratie zu halten. Der verabsolutierte Markt weicht jegliche politische Legitimität auf, er setzt das anonyme Urteil an die Stelle der gemeinschaftlich gefaßten Entscheidung. Von den alten Griechen lernen wir, was der politische Raum wert ist: Es gibt keine Freiheit, wenn er verloren geht. - - Darum Politische Bildung!

Mit dem sinkenden Einfluß der Religion auf die Gesellschaft und Kultur nahm die Attraktivität des konfessionellen Religionsunterrichts ab, eines Pflichtgegenstandes (mit Abmeldemöglichkeit) an unseren öffentlichen Schulen. Auch eine immer größer werdende Diskrepanz zwischen der geltenden Konvention und dem tatsächlichen Benehmen der heranwachsenden Jugendlichen war zu bemerken. Als Ergebnis einer zehnjährigen Diskussion wurde im Schuljahr 1997/98 ein Pilotprojekt „Ethikunterricht" für die Oberstufe der AHS an acht Schulen gestartet. Dieser Unterricht wurde von Schülerinnen und Schülern sehr gut angenommen und wurde nun im Schuljahr 2001/02 bereits auf 93 Schulstandorte erweitert. Eine zwischenzeitlich erfolgte Evaluation erbrachte ein sehr gutes Ergebnis.

Nach der Meinung der Befürworter soll der Ethikunterricht dem Schüler die Möglichkeit bieten, eigene Vorstellungen zu entwickeln durch Vermittlung von Wissen und Reflexion, von gesellschaftlichen Normen und Werten, von Grundhaltungen verschiedener Religionen und philosophischen Ansätzen, von politischen Werten im weitesten Sinn.[10]

Das Weltbild, das jemand hat, ist die Grundlage seines Umganges mit der Realität: woher kommen wir, wohin gehen wir, was ist der Sinn des Lebens und der ganzen Welt um uns, was bedeutet der Tod, was ist ethisches Handeln? Antworten, die unserer Erfahrung und unserem Wissen widersprechen, sind unbefriedigend. Das Bedürfnis nach einer Erklärung ist aber vorhanden, die Sehnsucht nach einer faßbaren Antwort, einer Antwort, die Sinnhaftigkeit des Lebens bietet. – Daraus ergibt sich der Wunsch nach Trennung von der Vermittlung von ethischen Grundwerten einerseits und der Vermittlung von dogmatisierten Glaubensinhalten andererseits. Bedingt durch die Herkunft der Kinder innerhalb einer Klasse aus den verschiedensten Kulturkreisen erscheint die Einführung eines Pflichtfaches „Ethik" als geboten und dringlich. – Im Projektplan des Gymnasiums BGRG 1 werden z.B. als „Leitziele" genannt:

.) Integration in die Gemeinschaft

.) Unterstützung bei der Bewältigung von Konflikten und Ängsten

.) Hilfe im Umgang mit Autorität

.) In toleranter Weise auf der Grundlage des dialogischen Prinzips den Werten und Normen anderer Kulturen, Religionen und Weltanschauungen zu begegnen

.) Abraham, Stammvater des Glaubens. Seine Glaubensgeschichte. Die Auswirkungen auf die drei Glaubenstraditionen.

....

---

[10] Lehrplanentwurf des Wiener Stadtschulrates.

.) Ein Querschnitt durch die Religionsgeschichte.
Eine aktuelle Bestandsaufnahme

....

.) Riten und Gebräuche in den verschiedensten Kulturen und Religionen, die den Übergang von der Kindheit zum Erwachsenwerden symbolisieren.

....

.) Bedeutung von Armut und Reichtum in ideeller Hinsicht

....

.) Judentum, Christentum, Islam: Die Grundlagen ihres Glaubens.
usw.

Die Aufklärung ist nicht umkehrbar. Zwischen Weltbild und Realität besteht eine Wechselbeziehung, das Weltbild wird weiterentwickelt, korrigiert – man lernt dazu. –

In diesem Sinn ist dieser Unterricht ein Fortschritt zu einer glaubwürdigeren, neuen Weltanschauung und Ethik.

Fächer, in denen eine Überarbeitung des Lehrstoffes auch im Hinblick auf Kürzungen vorgenommen werden sollen, sind Naturwissenschaften, Religion und Latein (Griechisch wird an Österreichs öffentlichen Schulen als Wahlfach unterrichtet).

Für die Hochschulreife müssen sich heute Studenten in den Fächern Physik, Chemie und Biologie mit Fragen beschäftigen, die eine Generation früher noch nicht die gleiche Relevanz besaßen. Mit einer Verlagerung des Lehrstoffes in moderne, neue Erkenntnisse müssen selbstredend auch Schnitte im historischen Teil dieser Fächer einhergehen.

Am Religionsunterricht wird kritisiert, daß weder in der Aufbereitung des Stoffes noch didaktisch seit dem Tridentiner Konzil eine zeitgemäße Veränderung veranlaßt wurde, eine „Modernisierung" wäre längst überfällig. Auch wäre die Umwandlung von einem Pflicht- zu einem Freifach wünschenswert.[11]

Bei der Beurteilung der Notwendigkeit des Lateinunterrichts werden viele Emotionen freigesetzt. Latein stellt nicht unbedingt die Qualifikation für einen Rechtsanwalt oder Arzt dar, aber es zwingt zum logischen Denken, es ist eine wichtige Grundlage der europäischen Rechtsordnung, ja der europäischen Kultur überhaupt. Sein hoher Wert liegt in der Umwegrentabilität: mit seiner Klarheit und Grammatik ist Latein das beste Fundament um gut Deutsch zu lernen, es ist hilfreich beim erlernen fremder Sprachen im Erfassen des Wortschatzes, des sprachlichen Systems insgesamt und es ist die Basis für viele Fachausdrücke (Termini Technici!). Wer heute „reüssieren" möchte, versucht dies mit lebenden Sprachen oder mit EDV-Kenntnissen, kaum mit Latein. Aber Zeit für Allgemeinbildung ist leider hauptsächlich während der Schulzeit, Dinge zu lernen, die „keiner braucht". – Latein als Wahlfach bietet sich als Kompromiß an.

In einer Bildungsstudie der OECD (Pisa-Studie) aus dem Jahr 2000 wurde in 31 Ländern erhoben, wie gut die Schüler nach ihrem Schulabgang auf das Arbeitsleben vorbereitet sind. Geprüft wurde Lesekompetenz, Leseverständnis sowie das Wissen in Mathematik und Naturwissenschaften. Österreich war im deutschsprachigen Raum

---

[11] Ähnliches gilt für den Religionsunterricht der anderen Konfessionen. Mehr dazu in F.S e r t l, Abseits von Himmel und Hölle, Wien 1999.

Testsieger und lag im oberen Drittel aller gereihten Länder. Gesamt-Testsieger wurde Finnland; dabei fällt auf, daß Schüler in Finnland in einem vergleichbaren Zeitraum mit ca. 25% weniger Schulstunden (laut dieser Studie) zu besseren Leistungen als österreichische Schüler kommen. – Wo liegen die Ursachen? Auch im Hinblick auf diese Überlegungen bedarf der Lehrplan einer Überarbeitung.

Diejenigen, die ihre Erlösungshoffnungen betend zu erfüllen versuchen, werden zur aussterbenden Spezies. Nur mehr lernend können die Anforderungen dieser Welt realisiert werden. Vernünftige lernen freiwillig lebenslang, die anderen müssen es. – Nicht nur das Gegenwärtige, auch das Zukünftige besitzt eine immer kürzere Halbwertszeit des Wissens. Seine Verfallszeit liegt im Arbeitsbereich zurzeit bei fünf bis acht Jahren, wo mit neuen Technologien hantiert wird noch erheblich darunter. Lernen setzt Denken voraus, das Zukunft kennt. – Der „global mainstream" verordnet Bildungsinhalte die marktorientiert sind.

Eine extreme Form der Globalisierung stellt die potentielle Aufhebung aller Ortsgebundenheit des Lernens mittels der neuen Medien dar. Das Telelearning befreit uns von jeder Art Schulzwang und auch zum Teil von fremdbestimmten Zeitvorgaben, es ermöglicht sogar Abschlüsse von Universitäten zu erhalten, die man niemals betreten hat.

Lernen unter Selbstkontrolle[12]

Giselher Guttmann

In den letzten Jahrzehnten haben neue Technologien unsere Möglichkeiten, Informationen zu speichern und wieder abzurufen in so unvorstellbarem Mass erweitert, dass sich mancher Lernende die Frage nach der Sinnhaftigkeit des individuellen Einprägens von Kenntnissen stellen mag. Ist nicht ohnedies das „Wissen der Welt" gleichsam auf Knopfdruck abrufbar? Wer mit den neuen Medien umzugehen versteht, der kann sich jeden Wissensinhalt per Mausklick herbeizaubern – und zwar nicht aus dem Gedächtnis, mit all seinen Fehlerquellen, sondern unverfälscht und mit höchster Perfektion von einem unbestechlichen Datenträger heruntergeladen. Wird sich daher eine „Schule der Zukunft" nicht darauf beschränken können, lediglich diejenigen Fertigkeiten zu vermitteln, mit deren Hilfe man den Zugang zu den bereitliegenden Informationen erhalten kann? Solche Gedanken mögen auch so manchem Schüler durch den Kopf gehen, der angehalten wird, sich auf „altmodische" Weise Wissen anzueignen.

Und damit stoßen wir auf ein Kernproblem der Schule der Zukunft. Denn je größer das potentiell verfügbare Wissen, umso höher sind auch die Anforderungen an alle, die dieses sinnvoll nützen sollen. Gerade die nahezu unbegrenzte Informationsfülle stellt allerhöchste Anforderungen an diejenigen, die diese Informationen zu verwalten haben werden. Wie wir uns mit Menschen einer anderen Kultur nur verständigen können, wenn wir ihre Sprache beherrschen – und das Erlernen einer Fremdsprache ist

---

[12] Eine gekürzte Fassung ist in der Zeitschrift TOOLS 4/2003 erschienen.

immer noch das überzeugendste Beispiel für konventionelles Lernen – so können wir auch all die neuen Möglichkeiten nur nützen, wenn wir die Kommunikationsmittel beherrschen, die den Zugang zu ihnen ermöglichen. Dabei werden höchste Anforderungen an den Lernenden gestellt, da in dieser neuen Welt des Informationmanagements die Halbwertszeit eben erworbener Kenntnisse immer kürzer zu werden scheint und ganz offensichtlich Lernen zu einer lebenslangen Anforderung wird. Die Frage, wie wir unsere Lernfähigkeit optimieren können stellt sich daher für die Schule der Zukunft dringlicher denn je – nicht trotz, sondern gerade im Hinblick auf die neuen Technologien.

Noch entscheidender aber ist die Forderung, dass sich jeder Lernende in dieser Welt des offen bereitliegenden Wissens ein wohlgeordnetes Weltbild aufzubauen hat, in das jede neue Information am rechten Platz eingefügt werden kann. Denn verwertbares Wissen muß im Kopf eines Menschen verankert sein. Nur dieses befähigt ihn, passiv bereitliegende Informationen zu nützen, die andernfalls den durcheinander gewürfelten Lettern eines Setzkastens gleichen, und die Feststellung wertlos ist, dass sie, in der richtigen Anordnung zusammengefügt, wichtige Mitteilungen enthalten könnten.

Nicht zuletzt aber sollte man die Schule auch als eine Modellsituation des Lebens betrachten, die jedem die Chance gibt, der Forderung: „Erkenne dich selbst" nachzukommen. Denn unter vergleichsweise risikoarmen Bedingungen können dort soziale Lernprozesse durchlaufen und Selbsterfahrungen gesammelt werden, die den Betreffenden befähigen, im späteren Leben bei Bedarf optimale Leistungen zu erbringen oder die Belastungssituationen erfolgreich zu bewältigen, denen er unweigerlich begegnen wird.

Schon vor mehr als 100 Jahren hatte Hermann E b b i n g h a u s in seinem wegweisenden Werk „Über das Gedächtnis" die betrübliche Tatsache festgestellt, dass neu eingeprägte Inhalte in erschreckendem Tempo wieder vergessen werden. Nur durch besondere Strategien lassen sich Informationen dauerhaft im Gedächtnis verankern. Die dazu geeigneten Methoden wurden zwar bald gefunden und sind in jedem Lehrbuch der Lernpsychologie nachzulesen. Gleichwohl scheinen sich diese Erkenntnisse nicht immer auf den tatsächlichen Unterricht in Schule und Erwachsenenbildung ausgewirkt zu haben.

Welche Rolle kommt dem Lernen in einer Zeit zu, in der sich – wie Schätzungen behaupten – das „Wissen der Menschheit" innerhalb weniger Jahre jeweils verdoppelt? Soll man nun den Wettlauf mit der Informationslawine aufnehmen und immer umfangreichere Lehrpläne konzipieren? Oder soll man auf den Computer mit seinen praktisch unbegrenzten Speichermöglichkeiten vertrauen und ihm die Rolle einer „Gehirnverlängerung" übertragen?

Leicht wird dabei übersehen, dass jede kreative Leistung ausschließlich aus dem Netzwerk all jener Erkenntnisse entstehen kann, die wir *in unser eigenes Gehirn* eingespeichert haben und die dort abrufbar bereitliegen. Erst durch Querverbindungen, die ein Mensch zwischen den ihm aktiv verfügbaren Inhalten herzustellen vermag, erst durch die Neukombination der in seinem Gedächtnis bereitliegenden Informationen kann er Neues schaffen. Hilfsmittel zur Informationsspeicherung sind selbstredend willkommen – aber sie vermögen uns lediglich mit denjenigen Daten zu versorgen, die wir abzurufen beschließen und sollten daher nicht dazu verleiten, auf die „Welt im Kopf" zu vergessen.

Die Bedeutung des im Gedächtnis bereitliegenden Wissens stand vormals außer Zweifel und selbst die Schrift wurde in alten Zeiten mit Misstrauen betrachtet. So berichtet beispielsweise S o k r a t e s im Phaidros über den ägyptischen Gott Theut, der einem König die Kunst der Schrift zum Geschenk machen wollte, von diesem jedoch eine überraschende Ablehnung erhielt:

„Denn diese Erfindung wird die Lernenden in ihrer Seele vergesslich machen, weil sie das Gedächtnis nicht mehr üben; im Vertrauen auf die Schrift suchen sie sich durch fremde Zeichen außerhalb, und nicht durch eigene Kraft in ihrem Inneren zu erinnern...

Deinen Schülern verleihst du nur den Schein der Weisheit, nicht die Wahrheit selbst. Sie bekommen nun vieles zu hören ohne eigentliche Belehrung und meinen nun, vielwissend geworden zu sein..."

Gerade im Hinblick auf die nahezu unbegrenzten Möglichkeiten der modernen Informationstechnologie muss dem individuellen Lernen daher in Zukunft ganz besondere Aufmerksamkeit geschenkt werden. Dabei darf freilich nicht länger unser Ziel sein, eine möglichst große Fülle von Detailkenntnissen zu vermitteln, sondern muss vielmehr versucht werden, ausschließlich jene entscheidenden „Kerninformationen" aller Wissensbereiche darzustellen, aus denen sich der Lernende selbstgestaltend ein Bild der Welt zusammenfügen kann. Und vor allem sollte man ihn mit Lerntechniken vertraut machen, durch die er sich auch nach seiner Grundausbildung in einer Welt zurechtfinden kann, in der lebenslanges Lernen in nahezu allen Berufen längst eine Selbstverständlichkeit geworden ist.

Vor 25 Jahren habe ich mich in diesem Sinn gemeinsam mit Erich V a n e- c e k daran gemacht, alle Erkenntnisse der Lern- und Kognitionstheorie zu nützen, um ein „Regiebuch" für Selbststudium beziehungsweise eine optimale Unterrichtsgestaltung zusammenzustellen. Der kognitive Teil betraf Rezepte, wie:

.) Neue Informationen müssen in Portionen von geeigneter Größe vermittelt werden, um die Kapazität des Kurzzeitgedächtnisses nicht zu überfordern.

  („ein volles Glas wird nicht voller, wenn man weiter eingießt..")

.) Bei jeder Präsentation müssen, eingedenk der Vergessenskurve von Ebbinghaus, Wiederholungseinheiten eingeplant und durchgehalten werden („frisch gelernt ist halb vergessen...")

.) Gedächtnishemmungen, wie sie bei jedem langen Aneinanderreihen von ähnlichen Inhalten auftreten, sollten vermieden werden

.) Das bewußte und kreative Einbinden neuer Informationen in das bisherige Wissensgefüge muss im Vordergrund stehen...

Klingt alles wohlvertraut – und war auch nur ein Teil der Neuigkeit. Eine ganz entscheidende Rolle kam nämlich einem konsequenten Wechselspiel von konzentrierter Informationsbelastung und kontemplativer Ruhe zu. Wir haben nämlich bei unseren Unterrichtsbeobachtungen bald entdeckt, dass im verständlichen Bemühen des Lehrenden, seine Zuhörer wach und aktiv zu halten, nicht selten auf das Einblenden von „schöpferischen Pausen" vergessen wird. Wir waren davon überzeugt, dass Perioden von kontemplativer Ruhe – im richtigen Augenblick eingesetzt – jedoch keine Zeitverschwendung sind, sondern vielmehr erst das Aufrechterhalten der Leistungsfähigkeit und die dauerhafte Einprägung neuer Inhalte garantieren und haben uns daher mit ihrer Rolle intensiver zu beschäftigen begonnen.

Den entscheidenden Impuls lieferten neuropsychologische Studien des Wiener Instituts, die erste Hinweise darauf lieferten, dass es offensichtlich einen „l e r n b e r e i t e n Z u s t a n d" gibt. Herbert B a u e r hatte es durch die Entwicklung von neuen Methoden möglich gemacht, hirnelektrische Untersuchungen durchzuführen, mit deren Hilfe die Rolle der batterieartigen Aufladung der Großhirnrinde – des kortikalen Gleichspannungspotentials (DC-Potentials) – für das Lernen und unsere Gedächtnisfunktion untersucht werden konnte. Dieses Potential ist nämlich ein sensibler Indikator für den Funktionszustand unserer Großhirnrinde, der anzeigt, ob und in welchem Ausmaß eine Gehirnregion aktiviert ist. Um die Auswirkungen der andauernd ablaufenden kleinen Änderungen der elektrischen Aufladung auf die aktuelle Leistungsfähigkeit einer Person untersuchen zu können, führten wir computerunterstützte Experimente durch, in denen Lernmaterial genau im Augenblick einer spontanen Verschiebung des DC-Potentials dargeboten werden konnte – eine Versuchsanordnung, die wir später unter der Bezeichnung „Brain Trigger Design" in der Fachliteratur vorstellten. Das überraschende Ergebnis dieser Studien war, dass die Lernleistung nach einer spontanen Erhöhung der elektronegativen Aufladung des Gehirns – die als Ausdruck eines

Übergangs von niedriger zu mittlerer Aktiviertheit anzusehen ist – gegenüber der Kontrollbedingung (einem Absinken des DC-Niveaus) um rund 25% höher war. Dies war der Anstoß, diese zunächst als reine Grundlagenforschung geplanten Arbeiten auch praktisch umzusetzen und durch ein gezieltes Auflösen des optimalen Aktivierungszustandes die Lern- und Leistungsfähigkeit zu erhöhen.

In einer Laborsituation gelang es bald, durch Biofeedback des aktuellen DC-Potentials solche „lernbereiten Zustände" willkürlich herbeizuführen, indem dem Probanden das aktuelle DC-Potential beispielsweise durch einen Ton rückgemeldet wurde, dessen Höhe sich mit der Elektronegativität änderte. Die Person vernimmt in einem solchen Experiment also einen sirenenartig höher und tiefer werdenden Ton und wird lediglich instruiert, diesen in eine der beiden Richtungen zu verschieben, was erstaunlicherweise in kurzer Zeit gelingt. Somit hat sie gelernt, sich in einen lernbereiten Zustand zu versetzen.

Unsere Suche nach Methoden, die man auch in einer alltäglichen Lernsituation einsetzen kann, führte schließlich auf eine altbewährte Methode, die sich als nahezu ebenso wirksam erwies: Durch eine isometrische Anspannung der Skelettmuskulatur lassen sich extrem starke Aktivierungssteigerungen herbeiführen; eine vertiefte Entspannung des Skelettmuskelsystems löst hingegen eine nachhaltige Senkung des Aktivierungsniveaus aus. Durch ein geeignetes Wechselspiel von dosierter Anspannung und Relaxation kann daher auf einfache und natürliche Weise ein optimaler Aktivierungszustand herbeigeführt werden. Somit war eine einfache Selbstkontrolltechnik für das Herbeiführen eines „lernbereiten Zustands" gefunden.

So gaben wir schließlich unserem Modell auch den Namen „L e r n e n u n t e r S e l b s t k o n t r o l l e" (LuS) und konnten uns durch zahlreiche Kontrolluntersuchungen vergewissern, dass es in verschiedensten Altersstufen – von der Volksschule bis in die Erwachsenenbildung – in der realen Unterrichtssituation hielt, was die Labordaten versprochen hatten. So zeigte sich beispielsweise in einer Studie von T h e u r l eine ganz bemerkenswerte Steigerung der langfristigen Behaltungsleistung, als in einer Abend-Maturaschule bei einem unerwarteten Abprüfen eines Inhaltsgebietes nach einem Vierteljahr von der LuS-Gruppe mehr als 85% der Inhalte korrekt wiedergegeben wurden, während es die konventionell unterrichtete Kontrollgruppe auf rund 20% brachte (E b b i n g h a u s würde Beifall zollen).

Neben der kognitiven Förderung ließen sich aber auch nachhaltige positive Auswirkungen des LuS auf den sozio-emotionalen Bereich nachweisen. So ist in LuS-Klassen im Vergleich zu sorgfältig parallelisierten Vergleichsklassen ein besseres Klassenklima mit harmonischeren Gruppenbeziehungen und intensiveren Sozialkontakten feststellbar. Dabei werden durch LuS erfreulicher Weise nicht die hochbegabten Schüler bevorzugt, sondern vielmehr in höherem Masse die weniger begabten Kinder gefördert.

Die Vertrautheit mit Selbstkontrolltechniken ermöglichte aber auch, mit einem anderen Problem fertig zu werden, das uns seit mehr als 20 Jahren am Wiener Institut beschäftigt hatte: Der Frage der menschlichen Leistungsfähigkeit unter belastenden Bedingungen. Der erste Anstoß zu diesen Arbeiten war die mehr als 20 Jahre zurückliegende Beobachtung, dass Personen auf Belastung höchst unterschiedlich reagieren: Manche zeigten einen deutlichen Leistungsabfall (den man auch aus

Alltagserfahrungen unter Stress erwarten würde), während andere gerade in Belastungssituationen einen Leistungszuwachs erkennen ließen und erst unter Druck zu ihrer vollen Form fanden. Wir haben damals zur wissenschaftlichen Untersuchung dieses Phänomens das Laboratorium verlassen und Beobachtungen in geeigneten Realsituationen, nämlich bei sportlichen Betätigungen und hoher Belastung wie Felsklettern oder Fallschirmspringen vorgenommen.

Dabei konnte erstmals die überraschende Tatsache empirisch untermauert werden, das unter diesen höchst realistischen Belastungsbedingungen einige Personen tatsächlich weit bessere Leistungen erzielten als nach ihrem Testwert unter Neutralbedingungen zu erwarten gewesen wäre, während andere deutlich abbauten und schlechter wurden. Wir haben für die letzteren damals von unseren Trainern den Ausdruck „T r a i n i n g s - w e l t m e i s t e r" übernommen, den diese für Athleten geprägt hatten, die im kritischen Wettkampf immer weit schlechter abschnitten als im Training.

Die anschließende Suche nach einer Erklärung für diese Veränderungen und vor allem der Versuch, eine „Therapie" für den höchst unerwünschten Leistungsabfall zu finden waren bald erfolgreich. Der unerwünschte Leistungsverlust unter Belastung ist nämlich, wie auch durch neuropsychologische Daten gestützt werden konnte, die Folge einer überhohen Aktivierung. Gelingt es dem Betroffenen, sein Aktivierungsniveau zu senken und auch in einer Belastungssituation auf einer mittleren Aktivierung zu bleiben, kommt es daher nicht mehr zu einem unerwünschten Leistungsabfall. Und dieses Ziel kann gleichfalls durch das aus dem Herbeiführen des lernbereiten Zustandes bekannte Relaxationsprogramm erreicht werden. Damit war die langgesuchte

Therapie für unsere schulischen Trainingsweltmeister gefunden, die Kinder also, die in Schularbeits- oder Prüfungssituationen immer weit unter ihrem eigentlichen Leistungsniveau bleiben. Die Brauchbarkeit dieser einfachen Methode zur Stressbewältigung wurde gleichfalls kritisch überprüft. Dabei zeigte sich in einer groß angelegten Studie, in welcher rund 1000 Kinder mehrere Jahre hindurch mit dieser Technik vertraut gemacht und ihre Leistung laufend objektiv unter Belastung erfasst wurde, dass nahezu alle Schüler, die zunächst unter Belastung einen Leistungsabfall gezeigt hatten, diesen nach dem Trainingsprogramm wirksam kompensieren konnten.

Neben den willkommenen Möglichkeiten, die uns der Einsatz der modernen Technologien eröffnet, muss daher gerade in unserer leistungsorientierten Welt mit Nachdruck an die vergessene Kunst der Kontemplation erinnert werden.

Werte

K a n t hat als erster gezeigt, daß das, was erkannt wird, von dem, der es erkennt, zwangsläufig abhängt, insofern nämlich, als der Erkennende das Erkannte notwendig konstruiert, daß wir selbst der Welt Ordnung beibringen und daß es bloß u n s e r e Ordnung ist, wenn etwas geordnet erscheint. K a n t hat so den Grundstein zum modernen Konstruktivismus gelegt. Die Welt zu erkennen und sie zu konstruieren, ist ein und derselbe Vorgang, im Erkennen e n t s t e h t das Konstrukt. So gesehen meint K a n t, ist unser Verstand ein kreatives Instrument, er "schöpft seine Gesetze (a priori) nicht aus der Natur, sondern schreibt sie dieser vor". – Entsprechend seiner konstruktivistischen Vorstellung gibt es in seiner Philosophie keine Selbst e r k e n n t n i s: „....ich habe keine Erkenntnis von mir wie ich bin, sondern bloß wie ich mir selbst erscheine... Diese Vorstellung ist ein Denken, nicht ein Anschauen..."[13]

Der Begründer der ionischen Naturphilosophie T h a l e s von M i l e t war in seiner Definition von „Erkenntnis" nicht so präzise wie später Kant. Er bleibt in der Kategorie Reflexion und verlangt, daß sich der Mensch zuerst einmal selbst erforsche. Dann könne eine „Selbsterkenntnis" zu einer

---

[13] „..., nicht wie ich mir erscheine, noch wie ich an mir selbst bin, sondern nur daß ich bin. Diese Vorstellung ist ein Denken, nicht ein Anschauen. Da nun zum Erkenntnis unserer selbst außer der Handlung des Denkens,..., noch eine bestimmte Art der Anschauung, ..., erforderlich ist, so ist zwar mein eigenes Dasein nicht Erscheinung (viel weniger bloßer Schein), aber die Bestimmung meines Daseins kann nur der Form des inneren Sinnes gemäß nach der besonderen Art, wie das Mannigfaltige, das ich verbinde, in der inneren Anschauung gegeben wird, geschehen, und ich habe also demnach keine Erkenntnis von mir wie ich bin, sondern bloß wie ich mir selbst erscheine. Das Bewußtsein seiner selbst ist also noch lange nicht ein Erkenntnis seiner selbst,..".
I. K a n t, Kritik der reinen Vernunft, I.Heidemann (Hrsg.), Universal-Bibliothek Nr. 6161, 1966, §25, S 197

Persönlichkeitsförderung und Selbstbestimmung führen. T h a l e s, 625-547 v. Chr, (ihm wird die Inschrift am Apollotempel in Delphi: „Erkenne dich selbst" zugeschrieben) hat die Natur und eine Vielzahl der Phänomene nicht im Mythos, sondern durch rationale Begründung zu erklären versucht. Er gilt als der erste „Philosoph" der griechischen und europäischen Denktradition.

Von den alten Griechen lernen wir, daß Freiheit nicht die Summe von Individualrechten ist, sondern ein politischer Zustand; sie wußten, daß die entfesselte Freiheit keine ist. Wenn jedes Individuum autonom(os) ist, nach eigenen Gesetzen lebt, dann ist „Gesellschaft" nicht mehr möglich.

Menschen sind in dem Maße frei, in dem sie Gesetzen gehorchen, an deren Zustandekommen sie beteiligt sind (Markt-„Gesetzen" zu gehorchen dagegen ist Sklavenart!).

Der Mensch ist ein Gemeinschaftswesen, er sucht die Gruppe, er ist nach seinen Genen dafür bestimmt. – Nach dem Alten Testament hat der Herr am Sinai dem M o s e s auf zwei Steintafeln den Dekalog aufgeschrieben. Auf der ersten Tafel standen die Gebote die Jahve betreffen, auf der zweiten Tafel befand sich eine Kurzform des Naturrechts, der Humanität und der Ethik: du sollst nicht töten, du sollst nicht stehlen, du sollst nicht lügen, du sollst nicht Unzucht treiben. Das sind die elementaren Imperative der Menschlichkeit, sie sind so alt wie die menschliche Gesellschaft, ohne sie hätte diese keinen Bestand.

Mit diesem Bewußtsein wächst der Mensch innerhalb verschieden großer Gruppen, von der Familie bis zum Stammesverband, auf, ihm ist ein Schuldbewußtsein bei Verstößen gegen diese Grundregeln genetisch innewohnend.

K a n t weiß das in der „Kritik der praktischen Vernunft" so zu beschreiben:

„Zwei Dinge erfüllen das Gemüth mit immer neuer und zunehmender Bewunderung und Ehrfurcht, je öfter und anhaltender sich das Nachdenken damit beschäftigt: der bestirnte Himmel über mir und d a s m o r a l i s c h e G e s e t z i n m i r".[14]

Leben verlangt Entscheidungen: immer wieder und oft unbemerkt. Wir haben allerdings gelernt, daß wir da und dort die richtige Antwort oder Lösung nicht finden, daß wir auf unseren Mut zur Annäherung an sie angewiesen sind und uns darauf verlassen müssen. Jeder muß sich ständig für kleine und große Alternativen entscheiden, und wer sich entscheidet, handelt nach einer Norm, einem mehr oder minder konsistenten Normensystem, also einer Ethik.

Was alles im Leben war nicht einmal Schicksal: der Ehepartner, Beruf und soziale Klasse, Bildung und Wohnort. Nur wenige konnten sich aus dem festen Gefüge gesellschaftlicher Zwänge und Gegebenheiten herausarbeiten. Heute haben in der westlichen Welt fast alle Menschen die Gelegenheit dazu. Bessere wirtschaftliche Verhältnisse machen ständig neue Entscheidungen notwendig, auch auf der Suche nach Werten und Lebenssinn.

Unseren Entscheidungen gehen jeweils bewußt oder unbewußt Wertungen voraus; wir müssen offensichtlich gewertet haben, bevor wir diese oder jene Überlegung anstellen, oder Handlung setzen; dem Werten kommt so eine unendliche Reichweite zu. Wir können uns keinen Augenblick unseres

---

[14] Kritik der praktischen Vernunft, Beschluß, Kants Werke, Akademie-Ausgabe, Band V.S.161

bewußten Lebens dem Werten entziehen, nichts wovon wir Kenntnis haben bleibt ausgeschlossen. Wir werten Personen, entscheiden über Beziehungen zu Menschen und schließlich werten wir auch die Wertung anderer. Wer nicht wertet, dem wird der andere gleichgültig.

Toleranz gilt als besonderer Wert in der modernen Gesellschaft (sie gilt als besonderes Ziel der politischen Bildung!), gepaart mit urteilender Vernunft, die begründet, ob in einem fraglichen Fall Toleranz angebracht oder Widerspruch gefordert ist.

Daß das Werten immer auch ein Akt der Selbstbestimmung ist, läßt sich in Gegenüberstellung mit Wissen verdeutlichen. Wissen will gelten, es geht um die Nachvollziehbarkeit einer Behauptung; beim Werten bestimmt sich das Ich in Ansehung von Herausforderungen. Wissen und Werten sind eng verflochten: jede Wertung setzt Wissen voraus und alles wissen wollen, setzt schon ein Grund-Wissen voraus, denn ohne diese Voraussetzung könnte der Mensch nicht einmal fragen!

Wer verantwortlich werten will, muß sich das seine Entscheidungen rechtfertigende Wissen wenigstens in Grenzen aneignen. – Das Werten-Lernen ist Gewissensbildung. Gewissensbildung als Grundlage für das Wertenlernen ist nicht Bildung des Gewissens, sondern Bildung des Menschen unter dessen Anspruch (M a r i a n H e i t g e r).

Wer den Menschen Denken und Handeln zumutet, der muß ihnen auch die Freiheit des Wertens zubilligen, argumentieren setzt Freiheit voraus. Hier gerät man allerdings an eine natürliche Grenze, die Marian H e i t g e r, in Anlehnung an J.J. R o u s s e a u, so beschreibt:

„Der Mensch misst sich an einem Maß, das er in sich selbst vorfindet, das er sich nicht gegeben hat, das in ihm von Anfang gegeben ist. Hier muß vom Gewissen die Rede sein; vom Gewissen, das für alles Werten maßgebend ist, das also auch nicht durch vorgegebene oder gar vorgeordnete „Werte" inhaltlich festgelegt ist, und auch um des Wertes der Gewissensfreiheit nicht festgelegt werden darf".[15]

Vieles, Sitten, Normen und Gebräuche, vieles was durch Jahrhunderte selbstverständlich war, weil durch religiöse Autorität abgesichert, versteht sich heute keineswegs mehr von selbst.

Wir sind alle voneinander abhängig. Jeder von uns hängt vom Wohlergehen des Ganzen ab. Eine Gesellschaft, ein Staat, ist ohne festgeschriebene Werte nicht lebensfähig, eine vorgegebene Wertordnung muß die Ordnung der Gesellschaft garantieren. Der demokratische Staat muß von seinem Selbstverständnis her weltanschaulich neutral sein. Er muß verschiedene Religionen, Philosophien und Ideologien dulden, er muß alles, was zu den modernen Menschenrechten gezählt wird, achten, schützen und fördern. Andererseits braucht er einen verbindlichen Wertekonsens, als Grundlage für dialogische Auseinandersetzungen, den er aber nicht dekretieren darf, will er seine weltanschauliche Neutralität nicht verletzen (Ernst Wolfgang B ö c k e n f ö r d e). – Hierin liegt das Dilemma jedes modernen demokratischen Staates: was er rechtlich nicht vorschreiben darf, darauf ist er zugleich angewiesen, die Kunst der Balance im liberalen Staat ist gefragt. Ohne Selbstbeschränkung und Selbstdisziplin kann kein Gemeinwesen leben (M a r i o n Gräfin D ö n h o f f). Nach H. K ü n g braucht die Plurale Gesellschaft einen „überlappenden"

---

[15] M. H e i t g e r, Von Werten und vom Werten, Festvortrag zum Symposium: Zukunftsvisionen – aus den geistigen Wurzeln Europas, Eisenstadt, 2000

ethischen Grundkonsens, der von der historischen Situation abhängt. Dieser Konsens muß in einem dynamischen Prozeß stets neu gefunden werden.

In dem Recht (und der Pflicht) zu werten, sehen die Bürger demokratischer Staaten einen Ausdruck der „Würde" des Menschen. Das Menschsein selbst ist Würde, damit ist der Mensch sich selbst Zweck, er darf nicht zum Mittel eines fremden Zwecks mißbraucht werden.

Eine Wertegemeinschaft hat sich für die Verbindlichkeit bestimmter Normen entschieden: in den freien Staaten des Westens sind das die Respektierung der Menschenrechte und der Demokratie. In der politischen Praxis ist allerdings der Begriff der Wertegemeinschaft in jüngster Vergangenheit zur Rechtfertigung von Machtbestrebungen und als Manipulationsinstrument oftmals mißbraucht worden, er ist schal geworden und hat an Bedeutung verloren. Eine Absage an Werte als solche sollte sich daraus nicht ergeben. Das menschliche Verhalten ist ein Resultat von Einstellungen und ethischen Grundsätzen.

Eine fundamentalistisch begründete Ethik ist für aufgeschlossene Menschen des ausgehenden zwanzigsten und beginnenden einundzwanzigsten Jahrhunderts zu wenig überzeugend. Unsere Ethik ist rational. Notwendigerweise werden wir in dem Maß empfindlicher, in dem wir für die Forderungen der Vernunft empfänglicher werden.

Die Moral ist das Werk der Gesellschaft; entsprechend ändert sie sich wie die Gesellschaft, sie spiegelt deren Struktur getreu wider. Es ist die vordringlichste Aufgabe der Moralerziehung, das Kind an die Gesellschaft zu binden, die es umgibt, Respekt vor den Menschen generell und vor Systemen, die wir freiwillig, konsensual anerkennen oder mit denen wir in

Rückkopplungsprozessen stehen, zu vermitteln. Ohne Respekt entsteht auch kein Vertrauen.

Wenn sich Moral als soziale Funktion darstellt, so nimmt sie an der relativen Dauer und an der Veränderlichkeit der Gesellschaft teil. In dem Maß wie die Gesellschaften komplizierter werden, werden diese Veränderungen rascher und deutlicher. (E. D u r k h e i m).

Heinz v. F o e r s t e r will zwischen Ethik und Moral unterscheiden: Moral ist explizit, Ethik sollte implizit bleiben, sie sollte in die Handlungen eines einzelnen eingewoben sein. Moral sei eine Angelegenheit des autoritären Appells, der Predigt, der Vorschrift.

F o e r s t e r zitiert L. W i t t g e n s t e i n s Tractatus: „Wenn ein ethisches Gesetz der Form <Du sollst> aufgestellt wird, dann ist der erste Gedanke: <Und was dann, wenn ich es nicht tue?>" Die Rede von einem „Du sollst!" evoziert sofort den Gedanken an Strafe. Wenn sich Ethik in Moral oder Moralismus verkehrt, dann wird aus dem Eintreten für ein Ideal eine Strategie der Unterwerfung. Nach F o e r s t e r geht es immer nur um „Ich soll!", denn nur über meine eigene Handlung kann ich verfügen, aber nicht über die des anderen.[16]

Die Harmonie des Zusammenlebens ist bestimmt von Anerkennung und Wertschätzung im Umgang der Bürger miteinander, das Hauptaxiom unserer Moral ist die Unangreifbarkeit der menschlichen Person.

„Nur eine weitgehende humane Bildung kann der modernen Gesellschaft die Menschen geben, die sie braucht" (Émile D u r k h e i m).

---

[16] H.v. F o e r s t e r, Wahrheit ist die Erfindung eines Lügners, 1999, S.164

Die neue Rechenmaschine

Digitale Zukunft

An der Schwelle zum elektronischen Zeitalter stehen wir vor einer gewaltigen Medienrevolution. Mit dem Übergang von der Schriftkultur zur Digitalkultur sind Wandlungen verbunden, die ihresgleichen in der Kulturgeschichte suchen.

Die Schrift schuf ein über Generationen vererbbares Gedächtnis und hat jene geistige und technische Evolution freigesetzt, die uns nun in immer größerer Beschleunigung in ein nachschriftliches Zeitalter, das der elektronischen Kommunikation drängt.

Die Schrift bildete das künstliche Gedächtnis und den Datenspeicher für ungeformte Daten, die kein natürliches Gedächtnis speichern kann und eine künstliche Stimme für Empfänger, die die natürliche Stimme nicht erreichen kann. Die Schrift stand Pate bei der Entstehung der ersten Staaten der Weltgeschichte, sie ermöglichte neue Formen von Kontrolle und Verwaltung, ohne die die komplex gewordenen Gemeinwesen nicht funktionieren.

Als Rechenhilfe benützte man in der Verwaltung seit dem Altertum den Abakus, ein Rechengerät, bei dem die Zahlen durch auf Stäbchen verschiebbare Kugeln dargestellt werden. In entlegenen Gebieten Rußlands und Ost-Asiens findet man den Abakus noch heute in Gebrauch. Anfang des 18. Jahrhunderts kam der mechanische Sprossenrad-Rechner in Verwendung, dessen Geschwindigkeit und Kapazität jedoch bald für die moderne Verwaltung zu gering waren. – Vor ca. 100 Jahren wurden erstmals Lochkartenmaschinen nach dem System H o l l e r i t h für große Datenmengen eingesetzt; auch dieses System erwies sich als zu schwerfällig.

Im Jahr 1936 beschrieb der englische Mathematiker Alan T u r i n g [17] in einer Arbeit zur mathematischen Logik ein Gedankenmodell einer Maschine, die in ihren Programmen nicht zwischen Daten und Befehlen unterschied. Damit waren die ersten Überlegungen zur Digitaltechnologie angestellt. Ab der Mitte der 40er Jahre wurde die Entwicklung vorangetrieben, um einen Rechner auf dem neuen System aufbauen zu können. Durch Übertragung der Daten in binär-digitale Symbole wurde es möglich, diese Chiffren elektronisch in alle Arten von Rechenoperationen einzusetzen. Auch Schrift- und Bildzeichen können so auf einem vergleichbaren Weg über Transistoren bzw. moderner über Halbleiter-Chips verarbeitet werden. Dazu werden Computer (programmgesteuerte elektronische Digitalrechner) konstruiert, bei denen sowohl die Daten als auch die Programme für die Rechnerprozesse rechnerintern als Folgen von Binärzeichen verschlüsselt werden. Die Entwicklung verlief rasant; besonders von der Weltraumforschung kamen viele Impulse. Die Rechner wurden immer raumsparender, genauer und schneller in ihrer Leistung. Mit Geräten schon der dritten Generation waren 150.000 Additionen in einer Sekunde möglich! Das Einsatzgebiet der Computer reicht heute von Taschenrechnern, Steuerung von Haushaltgeräten, Personal Computern, Arbeitsplatz Computern, Laptops, Automatisierung von Industrieanlagen, Satellitensteuerung u.v.a. bis zu speziellen Röntgenuntersuchungs-Geräten

---

[17] T u r i n g hat im Zweiten Weltkrieg ein Verfahren zur Dechiffrierung der mit der berühmten deutschen Chiffriermaschine „Enigma" verschlüsselten deutschen Funksprüche entwickelt und damit entscheidend zur Wende des U-Boot Krieges zugunsten der Alliierten beigetragen.

(Computertomographen). Es gibt keinen Technik-Bereich, in den nicht die Digitaltechnik Einzug gehalten hat.

Der Computer hat das alltägliche Leben der meisten Menschen in den Industrieländern in vielfältiger Weise verändert, mit allen Folgen für die Gesellschaft, die Kultur und auch die Bildung.

Mit der Zahl der Computer und deren Einsatz im privaten und öffentlichen Leben sowie mit den zunehmenden technischen Möglichkeiten des schnellen Datenaustausches wachsen auch die Befürchtungen, daß Privatsphäre und persönliche Daten des Einzelnen kontrollierbar werden.

Als praktisches Beispiel für den Strukturwandel der Bildung in der Informationsgesellschaft ein Bericht über die University of Phoenix in Arizona aus einem Vortrag, den I. L o h m a n n anläßlich eines Kongresses für Erziehungswissenschaften 1998 in Hamburg gehalten hat:

Mit 40.000 Studierenden ist die University of Phoenix in relativ kurzer Zeit zur größten privaten Universität des Landes geworden.

Sie hat praktisch kein hauptamtliches Lehrpersonal, keine Bibliotheken, und sie ist allemal „kein Platz zur Erforschung der Wahrheiten westlicher Philosophie" (B r o n n e r 1997). Sie bietet den Bachelor und den Master's Degree an, und zwar überwiegend in den Bereichen Unternehmensführung, Informationstechnologie, Gesundheit und Education.

Für ihre Campus-Filialen hat sie in einem Dutzend Bundesstaaten Gebäude angemietet. Unter Nutzung des Internet ist sie die führende Fernuniversität der USA. Sie wird nicht aus Steuergeldern finanziert, sondern als steuerzahlendes Unternehmen geführt.[18]

Ökonomische Prinzipien wie Effizienz und Schnelligkeit sind zum Leitmotiv im Chor der Bildungspolitiker geworden. Das bedeutet vor allem wirksamere Nutzung der menschlichen Ressourcen. Die Folgen: Beschleunigung, Pausenlosigkeit und Verlust der Lebensrythmen prägen das Zeitmuster der Nonstopgesellschaft. Durch technische Innovation ist es gelungen, die Reisegeschwindigkeit um das Hundertfache zu erhöhen, die Datenverarbeitung um das Millionenfache zu steigern. Informations- und Kommunikationsmedien wie Internet, E-Mail und Handy lösen Raum und Zeit auf, die Beschleunigung mit der Informations- und Kommunikations-Technologie hat heute einen Höhepunkt erfahren – mit dem Effekt weiter steigenden Zeitdrucks.

Diese Nonstopgesellschaft bringt aber auch die Forderung nach sofortiger Bedürfnisbefriedigung mit sich. Ein Wunsch muß, kaum entstanden – schon erfüllt sein; was wir wollen, wollen wir sofort: Menschen, Güter, Kenntnisse, Dienste, nach dem Motto, jetzt haben – später zahlen! Die Kreditkartenmentalität hält immer stärker Einzug in die Lebensgestaltung. Schnell! lautet die Devise: Schnelle Autos und Computer, schnelle Abenteuer und Romanzen, schnelles Essen und Entsorgung durch Fettabsaugung.

Der Umgang mit den technischen Medien wird künftig als „vierte Kulturtechnik" den gleichen Rang zugemessen bekommen wie Lesen, Schreiben und Rechnen. Es wird allerdings noch einiger Anstrengungen

---

[18] Pof.Dr.Ingrid L o h m a n n, Hamburg, Strukturwandel der Bildung in der Informationsgesellschaft, Kongreß für Erziehungswissenschaften 1998.

bedürfen, um einen breiteren Zugang für die Anwender zu schaffen. – Durch die Wende von der Industrie- zur Dienstleistungsgesellschaft nimmt der Bedarf an ungelernten Arbeitskräften ab und diese sollten aufgefangen werden. - Die Abhängigkeit von Informationen wächst, mehr und mehr Menschen werden aus den entscheidenden Kommunikationsprozessen verdrängt. Die meisten Menschen können jedoch von der neuen Technik nicht profitieren; wie wird eine Einrichtung aufgenommen, die für viele in die Arbeitslosigkeit führt?

Das Fachwissen ruht in Datenbanken und ist permanent verfügbar, für diejenigen, die in der Lage sind, es abzurufen. Die Chancenungleichheit im Bildungsbereich wird größer. Denn um die richtigen Fragen stellen zu können, muß man über entsprechendes Faktenwissen verfügen. Der Übergang von der Fülle der Information zum Wissen ist schwierig, Information muß reflektiert werden um zum Wissen zu werden und umgesetzt werden zu können.

Der Mensch des 21. Jahrhunderts muß immer flexibler werden und sich immer schneller neuen Techniken anpassen, gleichzeitig werden aber steigende Konzentrationsschwierigkeiten und wachsende Defizite bei der Beherrschung von Lesen, Schreiben und Rechnen registriert. Sinnerfassendes Lesen ist auch in Europa nicht selbstverständlich, in Österreich schätzt man, daß 14 Prozent der Schulabgänger als „Quasi-Analphabeten" anzusehen sind. Gutes Lesevermögen ist nicht nur Grundvoraussetzung für das Lernen überhaupt, sondern auch für die Fähigkeit, mit den neuen Medien sinnvoll umgehen zu können, insbesondere das heute unverzichtbare Medium Internet zu nützen. Immer noch haben Unterschicht-Kinder schlechtere Prognosen gut lesen zu lernen als Kinder gut gebildeter und gut verdienender Eltern. PISA-Spitzenstaaten haben diese Kluft weitgehend überwunden.

Informationen sind nicht nur aufzunehmen, sondern auch zuzuordnen. Es wäre ein Irrtum, Informationsgewinn für Wissen, und dieses bereits auch für Einsicht zu halten. Die Entstehung und Vermittlung von Wissen ist hochkomplex. Die Euphorie über Speichermöglichkeit und Abrufbarkeit von Wissen über Homepages bzw. das Internet ist unbegründet. Medienkompetenz heißt, in den Medien erkennen, was Wert hat, Sinn ergibt und wichtig ist. Dazu bedarf es des gebildeten Bürgers. – Bildung ist immer und unabdingbar auch ein Rekurs auf Werte und damit auf eine weltanschauliche Haltung.

Es ist ein Universum von maschinenlesbaren Dokumenten, Programmen und Projekten entstanden, das technisch, gesellschaftlich und institutionell eigenen Regeln und eigenen medialen Gesetzmäßigkeiten folgt. Die Medienlandschaft selber unterliegt einem rasanten Prozeß innerer Differenzierung: immer neue Medien und Aufschreibesysteme drängen auf den Markt und können sich im Alltag des Einzelnen etablieren. Für „Onliner" ist das weltweite Computernetz das wichtigste Informationsmedium.

Im Computer gehen Speicher- und Übertragungsmaschine beide in einer Prinzipschaltung auf, die alle anderen Informationsmaschinen simulieren kann. Anfangs hat man versucht den Computer vom menschlichen Gedächtnis her zu verstehen und angestrebt, ihn als Erweiterung oder Simulation des individuellen Gedächtnisses zu verwenden. An die Stelle des Begriffs „Gedächtnis" ist der des „Speichers" getreten.

Wir wissen heute, daß das menschliche Gedächtnis Eigenschaften hat, die einer mechanistischen Auffassung diametral gegenüberstehen. Wahrnehmungen, Erlebnisse und Informationen werden in der Erinnerung nicht einfach reproduziert, sondern finden sich verschoben, verstärkt oder abgeschwächt im Gedächtnis wieder; alle diese Veränderungen haben eine präzise Funktion und ermöglichen erst die einzigartige Ökonomie der Gedächtnisvorgänge. Zudem sind alle Gedächtnisinhalte an Affekte gebunden. Das Gehirn organisiert sein Material nach den jeweiligen Affektbeiträgen und die Affekte wiederum stellen die Energie für die Gedächtnisarbeit bereit. Der überwiegende Teil des Gedächtnisinhaltes ist dem Bewußtsein nicht verfügbar.

Die Speichermetapher verfehlt also wesentliche Eigenschaften des menschlichen Gedächtnisses; es handelt sich um keinen Zustand, sondern um einen Vorgang, das individuelle Gedächtnis kann nur als Prozeß gedacht werden. In Erkenntnis dessen haben auch die Vertreter der künstlichen Intelligenz die noch vor zwei Jahrzehnten diskutierte These, es werde gelingen, gedächtnisanaloge Strukturen zu implementieren, fallengelassen.

Nach W i n k l e r [19] kann das System der Sprache als Produkt einer Verdichtung verstanden werden. H.v. K l e i s t sprach in diesem Zusammenhang vom „Verfertigen der Gedanken beim Reden." Diese Funktion erhält die Sprache im Umschlag von Diskurs in System, verschränkt mit dem Gedächtnis. Den Rechnern fehlt es an einer vergleichbaren Funktion und damit an einer Verdichtungsmöglichkeit. Dem Datenuniversum mangelt es an Mitteln, Hierarchien in dem neuen

---

[19] Hartmut W i n k l e r, Zur Medientheorie der Computer, München 1997.

Zeichensystem durchsetzen zu können und ohne diese erscheint es utopisch, unbegrenzt Datenquantitäten beherrschen zu können. Für das Datenuniversum gibt es nach W i n k l e r keine Alternative, als seinen Diskurscharakter anzuerkennen.

Die Entwicklung geht mit atemberaubender Schnelligkeit vor sich. Vor zehn Jahren hat es das Handy gerade gegeben, das E-Mail war so gut wie unbekannt und vom Internet hat man gerade gehört. Durch die elektronischen Medien rollt eine unglaubliche Fülle von Informationen tagtäglich über uns hinweg, doch sie hilft uns wenig, die Welt besser zu verstehen; das Internet allein macht die Menschen nicht klüger. Um aus den Informationen wertvollen Ausgangsrohstoff zu machen, müssen sie strukturiert werden. Erst Erfahrung ermöglicht Selektion und begründet Auswahl, die das, was man wissen kann, auf das was zu wissen lohnt, reduziert. Schon im „Göttinger Taschenkalender von 1789" schreibt der Physiker und Aufklärer G.Ch. L i c h t e n b e r g: „Man muß Hypothesen und Theorien haben, um seine Kenntnisse zu organisieren, sonst bleibt alles bloßer Schutt!"

Mit den „Technostrukturen der Gesellschaft" ist ein weiteres Kriterium sozialer Schichtung entstanden: ob der Einzelne zur „Gesellschaft" gehört, hängt mehr und mehr von seiner technischen Ausrüstung ab, meist davon, ob er einen Anschluß ans Netz besitzt oder nicht. „Abfragen" heißt neuerdings die gestellte Aufgabe und „marktorientiert" das Attribut für die gesuchten Antworten. Auf diese Weise wird viel Informationsmüll und Datenschutt umgeschaufelt.

Kurt S c h o l z, der ehemalige Wiener Stadtschulratspräsident, hat in einem Interview die Crux treffend dargestellt: „Wenn Sie heute bei einer der Suchmaschinen Goethe, Nietzsche oder Nestroy eingeben, bekommen Sie wahrscheinlich zwischen 500 und 5000 Hinweise. Was fangen Sie damit an? Gar nichts. Wenn Sie nicht wissen, wer Friederike Brion oder das „Werther-Fieber" war, dann hilft Ihnen der Computer nicht sehr viel weiter. Der altmodische Bildungserwerb wird also nicht überflüssig, im Gegenteil. Er wird sogar noch notwendiger." – Diese vereinfachende Darstellung gilt natürlich für jede lexikalische Information, aber die Problematik auch.

Wir können aus der Informationsgesellschaft nicht aussteigen. Rund drei Millionen Österreicher haben – beruflich oder privat – Zugang zum World – Wide – Web (www). Nach einem Urteil des Hörfunkintendanten Wien, Manfred J o c h u m ist das „Internet weniger <Pfingstwunder> als Geschwätz und wir kommen damit sicher keiner Wahrheit näher."

Umschlagplatz des Wissens wird mehr und mehr die maschinelle Informatik, die zur rascheren Austauschbarkeit von Wissen geschaffen wurde. Wissen ist zum Wirtschaftsfaktor geworden und wird von einem „Wissensmanagement" geführt, das die Nutzbarkeitserwartungen umsetzen soll. Die Kommunikation im Medienzeitalter wird/ist Datenaustausch, oftmals ein solcher zwischen Maschinen! Ob das dann die Kommunikation ist, die wir uns individuell erwarten? Der Weg scheint so vorgezeichnet zu sein, aber „die reduzierten Formen der technischen Kommunikation, Telefon, E-Mail, Videotelefon können kein vollwertiger Ersatz für Kommunikation von Angesicht zu Angesicht sein. Die persönliche Bekanntschaft, die mehr einschließt als das Wahrnehmen einer Stimme, wird aus diesem Grund nicht an Bedeutung verlieren, sondern zunehmen" (K.P. L i e s s m a n n).

Informationsüberflutung hält Ohnmächtige in ihrer Ohnmacht zurück. Das „Chatten" in Newsforen ist oft nicht mehr als belangloses Geschwätz. Nur wer weiß, was er sucht und braucht, wird finden, nur wer sich selektionskompetent und mit der „Software" einer soliden Allgemeinbildung versehen im Internet bewegt, wird dessen Vorzüge nützen und sich einen Informationsvorsprung sichern können; wer diese Voraussetzungen nicht mitbringt, wird hilflos im Datenmeer untergehen. Aber auch wer im Abfragen sicher ist, muß darauf achten, daß bei allem Anzapfen und Anhäufen von Informationen (was leicht Selbstzweck werden kann!) der kritische Punkt nicht überschritten wird, denn leicht kann es passieren, daß die Selektion mehr (Zeit) kostet, als die Information Orientierung bringt.

Die „Digitalkultur" hat ein neues Kapitel in unserer Kulturgeschichte eröffnet. Die rasante Entwicklung der Maschinen und Geräte ist dem Primat der Ökonomie zu verdanken, nur sie vermochte all die notwendigen Kräfte zu mobilisieren.

Parallel mit der apparativen Entwicklung ist auch eine Beschleunigung des gesamten Lebensablaufes zu beobachten. Zu unserem Vorteil? Zu unserem Nachteil? Die Hochgeschwindigkeit ruiniert die Reflexionskraft; die Botschaft ist versandt, bevor man über deren Wert nachdenken konnte! Der Zwang zur Aktualität erzeugt einen Beschleunigungsdruck. Elektronische Medien prägen unser Lebensgefühl.

Und die soziale Komponente der „Digitalkultur"? Was tun mit den vielen Modernisierungsverlierern? Wie können sie aufgefangen und integriert werden in den phantastischen technischen Fortschritt? Wie soll dies den nur in ihren politisch-ökonomischen Kategorien Denkenden deutlich gemacht werden? Die intellektuelle Genügsamkeit, die Sprachlosigkeit und das geringe Interesse der Machteliten in Politik und Wirtschaft an den Auswirkungen ihrer Entscheidungen machen betroffen und nachdenklich.

Was steuert die Gesellschaft? [20]

Ernst Gehmacher

Die Frage nach den dominierenden Einflüssen auf das politische und wirtschaftliche Geschehen wird heute oft und provokant gestellt. Meist ist damit der Verdacht und der Vorwurf der unrechtmäßigen „Steuerung" verbunden – sei es durch die „Medienmacht", durch die Wirtschaft, durch populistische Politik oder durch „dunkle Fädenzieher". Hier sei versucht, eine dem heutigen Stand der Sozialwissenschaften gemäße Auskunft zu geben, unter weitgehendem Verzicht auf die Fachsprache.

Was steuert die Gesellschaft? In dieser Frage ruft jedes Wort nach Erklärung. *Was*- und warum nicht *wer*? Gibt es den großen Steuermann? Diese Gesellschaft oder jene? Die Schwierigkeiten zeigen sich schon bei den Definitionen.

Welche Art von *Gesellschaft* ist gemeint?

Am nächsten liegt es, an den Staat zu denken.

Die Definition kann nur pragmatisch sein. Es sei die größte gesellschaftliche Einheit ins Auge gefaßt, die sich deutlich profiliert und eine gemeinsame historische Entwicklung aufweist.

Definition ist zuerst einmal Abgrenzung, also die Aussage, was das zu Erklärende definitiv nicht ist. Gesellschaft ist nicht die Summe aller ihrer menschlichen oder organisatorischen Mitglieder, ihrer Bürger, Parteien,

---

[20] Überarbeitete und gekürzte Fassung eines Vortrages den der Autor bei einem Symposium zum gleichen Thema in Wien, im November 1999 gehalten hat.

Bücher und Fabriken. Gesellschaft ist auch nicht bloß der Kodex aller Gesetze und die Datenbank aller Bankeinlagen. Das ließe sich fortsetzen. Aber daraus wird klar: Es bleiben letztlich nur sehr abstrakte Begriffe über, wenn das Wesentliche an *der* Gesellschaft analytisch erfasst werden soll. Für unsere Betrachtung soll mit nur drei solchen Abstraktionen operiert werden:

Erstens: die *kulturelle Struktur* der Werte, Normen und Kommunikationen, die Verständigung und Ordnung ermöglicht;

Zweitens: die *soziale Struktur* der Beziehungen – die Rang und Macht, Strafe und Lohn, Hass und Liebe in der Gesellschaft bestimmt, von der Familie bis zu den Hierarchien in Sport, Wirtschaft, Kunst und Militär;

Drittens: die *materielle Struktur* der Bauten, Maschinen, Produktionen und Finanzen – auf der die beiden anderen Strukturen aufbauen.

Diese Dreiteilung entspricht auch einer Hierarchie der individuellen menschlichen Bedürfnisse – „zuerst kommt das Fressen und dann erst die Moral", allerdings ist dazwischen noch ein dringender Bedarf nach Anerkennung und Liebe oder wenigstens Macht einzufügen.

So betrachtet ist *die* Gesellschaft das jeweilige Muster dieser drei ineinander verstrickten Strukturen. Aber natürlich ist die Gesellschaft auch die Leistung dieser drei Strukturen, ihr Output, der in Erfüllung ihrer Funktionen besteht:

Produktion und Wohlstand durch die materielle Struktur,
Sicherheit und Frieden durch die soziale Struktur,
Harmonie und Bildung durch die kulturelle Struktur.

Die Gesellschaft ist umso effizienter und intelligenter, je besser und reibungsloser diese Funktionen ablaufen, je reicher, sicherer und gebildeter sie ist – im Vergleich zu konkurrierenden Gesellschaften – aber auch an sich, in der Erfüllung der natürlichen menschlichen Bedürfnisse. Denn alle diese Leistungen der Gesellschaft und ihrer Strukturen werden von einzelnen Menschen erbracht.

Sowohl das Glück und Wohlbefinden der Menschen in der Gesellschaft wie deren Motivation und damit Leistung ist (real wie mathematisch) ein Produkt aus

Sozialisation (Prägung, Erziehung, Strafe und Belohnung, Achtung und Verachtung) einerseits und

Freiheit (Bedürfnisdeckung, Wunscherfüllung, Selbstentfaltung, Leidenschaft und Suchtverhalten) andererseits.

Sozialisation und Freiheit stehen aber im Widerspruch und beeinträchtigen einander. Hier das Optimum zu treffen, ist die umfassendste Aufgabe jeder Gesellschaft – und entscheidend für ihre Effizienz.

Die westliche demokratische Marktwirtschaft stellt ein Balance-System dar, in dem diese Optimierung in einer dynamischen Entwicklung gesucht wird. Liberalistische Politik („mehr privat") vermehrt die Freiheit und damit den Erfolg und die Motivation der „Gewinner" – soziale Ordnungspolitik („mehr Staat") verstärkt die Sozialisation und Integration und gibt damit den „Verlierern" Sicherheit, verhindert damit inneren Widerstand und zerstörerische Aggression.

Die beste Balance zwischen Freiheit und Sozialisation ist schwer zu finden, besonders schwer, wenn die Geschichte sich beschleunigt. Flexible Ordnungen, Demokratien mit wechselnden politischen Schwerpunkten, Marktwirtschaften und Konkurrenz, multiethnischen Kulturen tasten sich leichter an das optimale Gleichgewicht heran.

Und im Wettlauf der Gesellschaften bestehen jene, die auf längere Frist – über Generationen - dieses Gleichgewicht besser finden. Diese Theorie erklärt gut, wieso *die* Gesellschaft, von der hier die Rede ist, über viele straffer organisierte, geschlossenere Autokratien, Diktaturen, Ideologien und Fundamentalismen den Sieg davongetragen hat und heute im „Wettlauf der Kulturen" nur mehr wenige große Gesellschaften – insbesondere die ostasiatische, die „pazifische" und vielleicht die indische und moslemische Kultur- neben sich im Rennen sieht.

Mit dieser Beschreibung von Gesellschaft durch ihre drei funktionalen Strukturen und der Freiheits-Sozialisations-Balance in einer steten historischen Fortbewegung wird auch die Frage nach dem Wohin der gesellschaftlichen Entwicklung dringlich.

Und damit stellt sich auch die Frage: Was heißt *Steuerung*?

Unser Sprachgebrauch erlaubt ohne weiteres die Formulierung: Wohin steuert die Gesellschaft? Oder: Die Gesellschaft steuert auf den Abgrund zu. Darin steckt das Wissen um die Selbststeuerung von Systemen, um die Kraft innewohnender Tendenzen und Abläufe, die den allergrößten Teil der Bewegung ausmachen. Autopoiese (englisch „autopoiesis") heißt das in der systemanalytischen Fachsprache, die für alle Systeme gilt – nicht nur für Gesellschaften. Unter Architekten sagt man „Ein Haus baut sich von selbst" und meint, daß von den ursprünglichen Ideenskizzen des Architekten ein sehr weiter Weg des Planens, Finanzierens, Bauens und der nachfolgenden Nutzung bis zur Realität dieses Hauses nach zehn oder zwanzig – oder gar nach zweihundert Jahren – führt.

Das trifft noch viel mehr für das weitaus komplexere System einer Gesellschaft zu.

Dennoch wird die Entwicklung eines Gebäudes gesteuert, doch nicht nur von Architekten und Bauherrn allein, sondern von sehr vielen Menschen und Instanzen, bis hin zu den Einflüssen der wirtschaftlichen Konjunktur und der politischen Ziele. Und genau so wird die Gesellschaft von großen Kraftfeldern in ihrer Entwicklungsrichtung gesteuert, man könnte auch sagen „aufgebaut" und „umgebaut".

Welche Bewegung ist es aber, die hier Richtung bekommt? Wohin geht die Fahrt menschlicher Gesellschaften durch die Geschichte?

Eine grobe Einteilung sei gewagt.

Zum ersten ist es schon eine gewaltige Leistung (und damit Kraftentfaltung), den Status-quo aufrecht zu bewahren, das System am Leben zu erhalten. Die konservative Angst vor dem Zerfall der Ordnungen, vor dem Absturz in das Chaos, vor dem Verlust von Wissen und Werten über die Generationenkluft ist berechtigt. Der stete Zahn der Zeit nagt an allen Institutionen der Gesellschaft, wenn nicht stetig an der Erhaltung und Weitergabe der Qualitäten gearbeitet wird. Phänomene solcher Abnutzung sind: Degradation der Eliten, Politikverdrossenheit, Moralverfall,

Qualitätsrückgang der Arbeit, Misstrauen und Streit. Dabei geht es auch immer darum, den Zusammenhalt der Gesellschaft zu bewahren, die *Kohärenz*. Diese *Bewahrungsleistung* gehört wesentlich zur Steuerung der Gesellschaft.

Doch nie hat dies allein genügt. Denn um sich an Veränderungen in der Natur, im Klima und in der Landschaft anzupassen, um Naturkatastrophen und Seuchen zu überleben, muß eine Gesellschaft lernfähig und flexibel sein - und gegebenenfalls Neues erfinden, Innovationen hervorbringen. Damit kommt es aber zum „Wettlauf der Kulturen" um Überlegenheit. Nach den Mechanismen der „kulturellen Evolution" breiten sich jene Kulturen und Gesellschaften rascher aus und setzen sich schließlich durch, welche im Bereich der „Innovativität" überlegen sind.

Die Geschichte berichtet vorwiegend von solchen Positionskämpfen ganzer Gesellschaften, von den Expansionen, - der griechisch-römischen Kultur nach der Reifung des philosophisch-mathematischen Denkens, - des Islam nach der erfolgreichen Verschmelzung von Religion und Zentralstaat, - des europäischen Kolonialismus nach den Entdeckungsfahrten mit den neuen Techniken der bürgerlichen Gesellschaft, - des westlichen Kapitalismus und der Demokratie nach der Innovation der Aufklärung.

Die zweite entscheidende Leistung von Gesellschaften besteht somit in der *Innovativität*. Auch diese *Neuerungsleistung* ist ein Produkt gesellschaftlicher Steuerung.

Die kulturelle Evolution unterscheidet sich dabei grundsätzlich von der biologischen Evolution durch die Fähigkeit von Gesellschaften, durch Reflexion und Imitation zu lernen – das heißt, bewußt zu erfinden und andere Gesellschaften nachzuahmen.

Lernen ist die Voraussetzung für Innovativität wie für Kohärenz. Das „magische Dreieck" der gesellschaftlichen Effizienz besteht daher aus Kohärenz, Innovativität und Lernen.

Steuerung bedeutet nun die Bewegung der gesellschaftlichen Strukturen und Funktionen, also von Wohlstand, Frieden und Bildung vom Jetzt zu einem späteren Zustand des magischen Dreiecks, zu einer realen Konstellation von *bewahrender Ordnung, innovativer Freiheit* und *motiviertem Lernen* – aus der dann der Erfolg der Gesellschaft (gegenüber Natur und Konkurrenz) resultiert. Die Steuerung kann für den Erfolg der Gesellschaft in der Evolution mehr oder weniger genügen oder die Gesellschaft zum Zusammenbruch und in die Auflösung führen. Was kurzfristig gut ist, kann langfristig schaden – und umgekehrt. Man kann Steuerung als intelligent oder dumm bezeichnen, je nach ihrer Rationalität. Die Steuerung kann sogar als wahnsinnig und selbstmörderisch etikettiert werden, wenn eine Gesellschaft geradewegs auf ihre Auflösung zugeht: extreme Eroberungs- und Zwangsgesellschaften in allen Geschichtsepochen, wie Sparta oder der Faschismus, aber auch fatalistisch-pessimistische Gesellschaften, die apathisch ihren eigenen Untergang begünstigen, wie die indianischen Hochkulturen nach der spanischen Invasion oder manche Naturvölker in der Moderne, sind hier Beispiele.

Die Bewegung der hier behandelten westlichen Gesellschaft ist derzeit so dynamisch beschleunigt und so widersprüchlich, daß eine Etikettierung im positiven wie im negativen Sinn kaum möglich erscheint.

In der Entwicklung der materiellen Struktur, im quantitativen wie qualitativen Wirtschaftswachstum, übertrifft sie in ihrer amerikanischen wie europäischen Ausprägung alles bisher Dagewesene – immer noch, trotz Problemen der Arbeitslosigkeit und fragwürdiger Rationalität in vielen Bereichen. Doch wird die Konkurrenz der ostasiatischen Kultur stark. Auch scheint längerfristig in den am stärksten wachsenden Sektoren, im Gesundheitswesen, in der ökologischen Lebensqualität, in der persönlichkeitsbildenden Erziehung, in der Pflege sozialer Gemeinschaft, in der Ästhetik und Kunst, der Output im Verhältnis zum Aufwand eher sinkend. Es deutet vieles darauf hin, daß die westliche Industriegesellschaft in ihrer materiellen Struktur weitaus mehr an Innovation und Lernen benötigen würde, um sich auf ein Optimum im Umgang mit Natur und Mensch zuzubewegen. Günstig ist, daß diese Einsicht sich ausbreitet, nach einer langen Periode der Selbstgefälligkeit in einem blinden Wachstumsoptimismus. Eigentlich wissen die Eliten und eine große Mehrheit der Bevölkerung, daß ein intensives Programm des qualitativen Wachstums in Richtung sozialer Kohärenz, ökologischer Nachhaltigkeit, hoher Lebensqualität und Vollbeschäftigung, verbunden mit rationaler Effizienzkontrolle (Evaluierung) sinnvoll wäre. Nur, wie kommt man dazu?

Ähnliches gilt für die soziale Struktur der westlichen Gesellschaft. Sie ist durch die Ausweitung des Sozialstaates und durch den wachsenden Wohlstand und die zunehmende Bildung breiter Schichten in den letzten Jahrzehnten stetig besser geworden. Die kommunistische Revolution der sozialen Struktur mit ihren brutalen Egalisierungsbemühungen konnte damit nicht Schritt halten – und steuerte in die Selbstauflösung. Doch von einem Optimum ist auch der Westen noch weit entfernt. Es ist auch klar geworden, daß offenbar viele frühere Gesellschaften, mit einer primitiven materiellen Struktur, sehr stabile und effiziente soziale Strukturen hervorgebracht haben, die in ihrem Kontext mehr Sicherheit und Frieden gebracht haben als das in der modernen westlichen Gesellschaft der Fall ist. Man muß dabei nicht bis zum „Paradies" der Naturvölker zurückgehen, auch viele bäuerliche und kleinstädtische Gesellschaften mit engen Gemeinschaften gewährten ihren Mitgliedern mehr Geborgenheit, Stolz und Freiheit als sie der Mehrheit moderner „Westler" zukommen. Und es bleibt offen, ob sich nicht die sozialen Strukturen mancher nicht-westlicher Kulturen in Asien, dem Orient und Afrika, vielleicht sogar in Lateinamerika, in der kulturellen Evolution als erfolgreicher erweisen werden als das westliche so stark individualisierte und auf Mobilität ausgerichtete Muster.

Vielleicht entfernt sich aber ein Vergleich der sozialen Strukturen ganzer Kulturen zu weit von der Realität, um zu sinnvollen Aussagen zu gelangen. Es gibt ja gewaltige Unterschiede innerhalb einer Gesellschaft, insbesondere auch in den modernen heterogenen und multiethnischen Gesellschaften Amerikas und Europas. Es liegen Welten zwischen der Wärme und Geschlossenheit einer Gemeinde von Quäkern, Juden, türkischen Gastarbeitern oder mancher moderner Musterunternehmen und der Zerrissenheit, Anomie und Aggression in Gemeinden mit sterbenden Industrien, vom Fremdenverkehr überfluteten Bauerndörfern oder großstädtischen Slums. Die kulturelle Evolution in Zukunft mag sich da viel mehr in der Konkurrenz innerhalb großer Gesellschaften abspielen als zwischen Kulturräumen. Die erfolgreichen sozialen Strukturen werden sich vielleicht in allen Kulturkreisen gegenüber den weniger intelligenten Betrieben, Parteien, Subkulturen und Regionen durchsetzen. Der entscheidende Wettlauf um die Gestalt der Weltgesellschaft von übermorgen könnte sich zwischen Holland und Hongkong abspielen und nicht zwischen Europa und China, zwischen regionalen Wachstumszonen mit ähnlich effizienten, aber grundverschiedenen Sozialstrukturen. Es sei daran erinnert, daß die USA-Gesellschaft und ihr Erfolg – aber auch ihre Schwäche – von den puritanischen Grundvätern geprägt ist.

Doch das betrifft eigentlich schon die kulturelle Struktur. Da ist der Weg der westlichen Gesellschaft in den letzten Jahrzehnten eindeutig zur Außenlenkung durch Geld und Statusgüter gegangen, weg von der Innenlenkung durch eingebläute Werte, Moral und Stolz – im soziologischen Jargon: von der „Schuldkultur" zur „Schamkultur". Das ist begleitet von mehr grundsätzlicher Freiheit, die wiederum durch mehr leistungsfordernde Sozialisation in Bildung und Arbeitswelt kompensiert ist. Ob da das Optimum der Ordnungs-Freiheits-Balance in der Nähe liegt? Weit weg erscheint jedenfalls jene nachhaltige langfristige Stabilität, die wir an Naturvölkern bewundern, die über Jahrtausende in Harmonie mit sich selbst und der Natur überlebt haben – bis sie von der kulturellen Evolution eingeholt wurden, oft mit letalen Folgen. Damit unsere Gesellschaft wenigstens einige Jahrhunderte in Blüte stehen könnte, wie die großen Kulturen der Antike oder des Mittelalters oder die friedlichen Herrschaftsepochen in den außereuropäischen Kulturen, würden – nach allgemeiner Einsicht – bedeutende Änderungen der kulturellen Struktur notwendig sein. Die derzeitige Ausbeutung der Ressourcen an Rohstoffen und Energie kann nicht mehr Jahrhunderte dauern. Die Kontaminierung unserer Umwelt bedrohte uns schon viel früher mit Katastrophen. Und der Krieg als Mittel der evolutionären Auslese der effizienteren Gesellschaften hat ausgedient, da bald schon die sicherlich schlechtesten Subkulturen – wahnsinnige Diktatoren, fanatische Terroristen und „entmenschte" Kriminelle – über gigantische Tötungskapazitäten verfügen.

All das sind Bedrohungen, welche die ganze Menschheit betreffen. Dennoch werden es die modernsten Gesellschaften sein, welche die notwendige Intelligenz zum Überleben ihrer eigenen Gesellschaft im globalen Kontext entwickeln müssen. Und dazu gehört unsere westliche Gesellschaft.

Steuerung zu einer dauerhaft friedlichen und nachhaltig überlebensfähigen Gesellschaft ist da dringend nötig. Vor dem Ende des Kalten Krieges, vor der explosiven Entwicklung der Informationstechnik und der Biowissenschaften, vor der gewaltlosen Vereinigung Europas und anderer großer Wirtschaftsräume, vor der beginnenden Globalisierung von politischen Menschheitszielen, schien es noch ziemlich aussichtslos, daß die westliche Gesellschaft auf eine dauerhafte Stabilität zusteuert. Heute ist da ein Hoffnungsschimmer zu sehen. Paradoxerweise ist solcher bescheidener Optimismus eng mit dem Zusammenbruch und dem allmählichen Absterben der großen Optimismen des abgelaufenen 20. Jahrhunderts verbunden. Erst nach dem Ende der politischen Religionen des Nationalismus, des Sozialismus, des Technikglaubens, ist mit dem realistischen Mut der großen Mehrheiten zu rechnen, der Unsicherheit der Zukunft ins Auge zu blicken, die immense Selbstdisziplin des Umlernens auf sich zu nehmen und mit Realismus und Geduld mit der Selbststeuerung der Gesellschaft vorsichtig zu experimentieren.

Damit wird die Überlegung zum ersten Wort unserer Frage fällig: *Was steuert die Gesellschaft?*

Hier ist wieder eine stark vereinfachende Gruppierung am Platz; acht steuernde Einflüsse auf die Gesellschaft seien unterschieden:

1 Natur und Geschichte – die „kosmischen", unmittelbar unlenkbaren Einflüsse;

2 Konkurrenz der Kulturen – das Eindringen dominanter Muster und Vorbilder aus anderen Gesellschaften, durch deren wirtschaftliche Übermacht oder kulturelle Attraktivität;

3 Politische Macht – aus organisierten politischen Interessen;

4 Wirtschaftsmacht – vor allem über Marktmechanismen und „Sozialpartnerschaften" (also wirtschaftlichen „Nebenregierungen");

5 Medienmacht – zunehmend über Marktmechanismen und „direkte Demokratie";

6 Technologien – in großen Schüben (Kondratieff-Zyklen) wirksam, über Machtschöpfung und Marktmechanismen;

7 Ideen – über die Sinngebung für alle anderen Kräfte und über die Verwandlung kultureller Strukturen (dazu gehört ein Großteil der Kunst);

8 Die Natur des Menschen – über Interessen und Werte, durch den natürlichen Egoismus und Altruismus.

Eine Schätzung oder gar wissenschaftliche Bewertung der Gewichtung dieser acht Kraftfelder ist nur für einzelne bestimmte Steuerungsvorgänge, für begrenzte Entwicklungen möglich – im Nachhinein, mit der Hoffnung, daß es auch für die Zukunft stimmt. Das ist das Geschäft aller Analytiker, Strategen und Berater in Politik und Wirtschaft und an den „Stammtischen" (die in den Medien zunehmend eine neue Heimat finden). Doch ein paar generelle Bemerkungen zur derzeitigen Bedeutung dieser Kräfte in der westlichen Gesellschaft seien erlaubt – bei vollem Bewußtsein der unvermeidlichen Subjektivität und Oberflächlichkeit.

Die Natur des Menschen ist in allen Gesellschaften gleich: in erster Linie egoistisch, aber für Gemeinschaften zu erwärmen – und mit einem guten Schuss Altruismus und Opferbereitschaft. Nie kann es gelingen, eine Gesellschaft nur aus Engeln und Heiligen zu bilden. Nie kann eine effiziente Gesellschaft entstehen, wenn nur mit dem Egoismus gerechnet wird. Daran sind Kommunismus und Manchester –Liberalismus gescheitert. Und schließlich gehört die begrenzte Lernfähigkeit zur Natur des Menschen.

Die Natur des Menschen setzt jeder gesellschaftlichen Entwicklung ihre Grenzen. Diese Erkenntnis hat sich in der westlichen Gesellschaft durchgesetzt. Allerdings schwankt die Meinung darüber in Jahrzehntezyklen periodisch, in Pendelschlägen zwischen Überbetonung der Formbarkeit des Menschen und der Überschätzung des Egoismus. Das führt aber nicht mehr in die Extreme des Moralterrors und des Konsumterrors, weil Meinungsvielfalt und Demokratie beide Felder austarieren.

Ideen sind, entsprechend der Natur des Menschen, die zweitstärkste Kraft.

Allerdings müssen sie erst gesellschaftliche Verbreitung und Anerkennung gewinnen. Auf dem mühsamen Weg dazu verändern sie sich, fügen sich den bestehenden Strukturen und müssen verwertbar werden. Die Ideenproduktion in der modernen Gesellschaft läuft am Fließband, nach Schablonen – das dürfte zu einer Inflation der Ideen führen, die der einzelnen Idee – auch wenn sie bedeutend ist – einen immer kleineren Wirkungsraum gewährt. Mit einer einzelnen Idee ist daher nicht mehr viel auszurichten. Ideen werden zum Massengut, das bewußt erzeugt und genützt wird von den gesellschaftlichen Kräften und Akteuren. In der Gesamtheit ist aber ihre Wirkung sehr groß.

Eine Veränderung der Ideenwelt wird nicht leicht sein. Das Beispiel neuerer großer Ideen bezeugt das. Umweltschutz, Menschenrechte, gesundes Leben, Friedensbewegung, „Life Long Learning" – alles begeisternde intelligente Ideen zum Neuen, aber sie lösen sich allmählich auf in einem Schwarm kleiner aktueller Ideen. Das Risiko besteht, daß dieser Ideenhaufen dann stagniert. Die Chance ist, daß er stetig weiter wächst, bis zum „Quantensprung".

Technologien entstehen aus Ideen. In der westlichen Gesellschaft setzt man Ideen gern in Techniken um. Sie werden dann aber zu einer eigenen Triebkraft. Das Auto wurde zur Fortbewegung erfunden – und es hat Städte und Landschaften geformt. Die Medizintechnik sollte Leiden lindern – und hat eine Bevölkerungsexplosion und ein wachsendes Pensionsproblem gebracht. Die Informationstechnik diente zuerst dem Geschäft, der Unterhaltung und Propaganda – und hat jetzt die Globalisierung ausgelöst.

Die Steuerung der modernen Gesellschaft durch die Technik gehört zu ihrem Wesen. Der Schub neuer Techniken auf diese Kultur ist nur mit der jungsteinzeitlichen „agrarischen Revolution" zu vergleichen, die am Beginn unserer Zivilisation stand. Es gibt aber auch die Sorge, der Quantensprung könnte noch größer sein, etwa vergleichbar der Zähmung des Feuers und der Erfindung der Steinwerkzeuge und der daraus folgenden Ausrottung einiger Frühmenschenformen (Hominiden) – oder gar der Ausrottung der Saurier durch einen Klimawandel.

Völlig neu ist aber nun, daß Ideen die Entwicklung der Technik nicht nur begründen, sondern auch mäßigen und steuern. Es entstehen sogar neue Techniken zur Bewältigung der Technik: Umwelttechnologien, Stresstherapien, Ersatztechniken. Das gibt den Ideen eine neue Chance.

Die Medienmacht beruht auf der Ausbreitung der Informationstechniken. Ihre besondere Bedeutung liegt aber in der Vermittlung (und zunehmend auch Erzeugung) von Ideen. Die Macht der Medien ist in diesem Jahrhundert stetig gewachsen. Medien sind längst kein „Mittel" mehr, wie es der neue Rundfunk noch für den Nationalsozialismus und das Staatsfernsehen für den Kommunismus war. Sie nehmen als Institution immer mehr an der Steuerung der Gesellschaft teil, in wachsender Konkurrenz zu Wirtschaft und Politik.

Wirtschaft und Politik werden seit der Aufklärung – seit der Verdrängung der Religion aus der Steuerungsmacht – als die wahren „Lenker" der Gesellschaft gesehen – und maßlos überschätzt. Lenkung, im Sinne des „Steuerns" eines Fahrzeuges, würde ja völlige Beherrschung der Fahrt implizieren. Aber selbst die schärfsten Kritiker von Politikern und Topmanagern glauben nicht, daß die Machteliten absichtlich und gezielt Millionen Menschen umbringen wollen durch Hunger, Stress und Umweltkrankheiten, Aids und Krieg, daß etwa in Europa die derzeitige Staatsverschuldung, Arbeitslosenrate und CO^2-Belastung angesteuertes Ziel war. Der kritische Vorwurf kann ja nur sein, daß Politik und Wirtschaft blindlings ihrer eigenen „Natur des Menschen", also ihrem persönlichen und kollektiven Egoismus und Altruismus, gefolgt sind – und ihre Ideen, ebenso blind, als richtungsweisend zu einer „idealen" Gesellschaft gesehen haben. Von der wahren Steuerung der Gesellschaft sind sie dann überrascht worden. Oft auch angenehm überrascht.

Die Machteliten Europas nach dem letzten Weltkrieg haben sich die einzigartige Wachstumsperiode der zweiten Hälfte dieses Jahrhunderts nicht träumen lassen.

Derzeit dürfen sich Politik und Wirtschaft und Medien den öffentlich diskutierten und damit gesellschaftlich bewußten Teil der Steuerungsmacht teilen. Dabei kommt es zu mehr oder weniger flexiblen Spaltungen und Allianzen zwischen und innerhalb dieser Steuerungsmächte. Der Verteilungskonflikt frisst dabei den größeren Prozentsatz ihrer Kraft und Intelligenz auf – wie das der psychologischen und hormonellen Natur des Menschen entspricht. Dabei kommt es zu mehr oder weniger flexiblen Spaltungen und Allianzen zwischen und innerhalb dieser Steuerungsmächte. Doch ein Teil der durch den Machtkonflikt mobilisierten Energien und Ideen fließt auch in die Steuerung der Gesellschaft. Und absolut gesehen, dürfte dieser Teil in unserer Gesellschaft anwachsen.

Ein solcher Prozess zunehmenden Bewußtseins, was die Gesellschaft wirklich steuert, also ein systemisches Intelligenzwachstum neben dem Wirtschaftswachstum und der Technologieentwicklung, kommt aber nur – ausschließlich nur – durch die harten, unausweichlichen Einflüsse aus Natur und Geschichte und durch die Konkurrenz der Kulturen und Gesellschaften zustande.

Zumindest war das bisher so. Keine Gesellschaft hat je freiwillig gelernt, sondern immer nur „der Not gehorchend, nicht dem eigenen Triebe". Die metaphysische Einsicht aller Religionen weiß um diese Geworfenheit des Einzelnen wie der Gesellschaft in das „Gottesurteil" der Natur.

Ein optimistisches Denkmodell sei hier aber gestattet, vielleicht auch nur als Zugeständnis an die Natur des Menschen. Es wäre denkbar, daß die Intelligenz der modernen Gesellschaften —vielleicht in einer Fusion der jeweiligen „best practices" in den existenten Gesellschaften – so groß wird, daß eine neue Steuerungskapazität entsteht. Diese müsste imstande sein, alle Produktion nachhaltig zu gestalten, weltweit den Frieden zu sichern und dabei die Kultur auf das Glück und Wohlbefinden aller auszurichten. Und Vorausschau, Reflexion und stetige Bereitschaft zur Korrektur müssten diese Gesellschaft dominieren.

Man kann meinen, das sei unmöglich – überhaupt für die ganze Menschheit.

Immerhin bringen manche Menschen und auch einzelne Gruppen von Menschen eine solche Qualität an Weisheit, Selbsterkenntnis und Friedlichkeit auf, wie sie für die ganze Menschheit Ziel einer gesellschaftlichen Steuerung wäre. Und unsere westliche Gesellschaft hat sich in den letzten Jahrzehnten doch merklich diesem Postulat genähert. Wie weit sind wir noch entfernt von dem evolutionären Wendepunkt, der großen kulturellen Mutation? Diesen Quantensprung könnte man ein wenig ironisch auf einen Satz bringen: Vorher steuert die „harte Regulation" der Evolution die Gesellschaft, nachher reicht die Intelligenz der Gesellschaft aus, sich selbst innerhalb des begrenzten Spielraums der Natur und ihrer Gesetzmäßigkeiten im steten Experiment zu steuern. Vorher blind und hektisch – und nachher vorsichtig tastend.

Und doch noch ein Dämpfer: Selbst bei Nutzung aller Lenkkapazitäten von Mensch und Gesellschaft ist die westliche Gesellschaft noch einige Generationen davon entfernt, von der „blinden" zur „reifen" Gesellschaft zu werden.

Nachwort

In den letzten 30 Jahren hat sich unser Leben und unsere Welt mehr verändert als im gleichen Zeitraum einer anderen Periode (Kriegszeiten ausgenommen). Der Anstoß dazu kam von der rasanten Entwicklung der Digitaltechnologie und damit Hand in Hand durch die atemberaubende Beschleunigung des gesamten Lebenslaufes. Die unglaubliche Fülle von Informationen, die durch die elektronischen Medien ständig auf uns zurollt und unseren Alltag kontinuierlich ausweitet, vermögen wir nur schwer zu „absorbieren". Prognosen über die Zukunft sind nicht möglich, auch würde solch ein Versuch den Rahmen dieser Studie überschreiten, aber über den Status quo sich Gedanken zu machen, erscheint angebracht, schließlich ist er die Ausgangsposition für künftig zu erwartende Trends, Probleme und Entwicklungen. In welcher Art diese erwartet werden, hängt ab von der individuellen Einschätzung, Auslegung und Erwartungshaltung jedes Einzelnen. Jede dieser Veränderungen wird im künftigen Bildungskanon reflektiert werden.

E. G e h m a c h e r leitete seinen Beitrag mit der Frage nach den dominierenden Einflüssen auf das politische und wirtschaftliche Geschehen ein und wies auf den Verdacht der unrechtmäßigen „Steuerung" hin. – Hier stellt sich nun die Frage, welche neuen Möglichkeiten sich den Massenmedien und den Meinungsbildnern überhaupt im Zeitalter der Digitaltechnologie bieten und welche Veränderungen dadurch auf die Konsumenten zukommen.

Funktionssysteme wie Politik, Wirtschaft, Wissenschaft, Kultur, Sport u.ä. sind auf die Massenmedien angewiesen, und umgekehrt, diese von ihnen (ihren Auftraggebern?) abhängig. Das Prinzip „wer zahlt, schafft an" bleibt erhalten, es herrscht bei den Mediengewaltigen kein Verlangen nach Wahrheit! Zur Debatte steht nur, wer zahlt und wer kassiert, wann, wie, wo, von wem. Wir sind uns bewußt: was wir über das Heute in unserer Gesellschaft, ja über die Welt, in der wir leben, wissen, wissen wir durch die Massenmedien. Unsere Erfahrung mit diesen Quellen veranlaßt uns aber, ihnen nicht grundsätzlich zu trauen; wir wehren uns mit einem Manipulationsverdacht. Die Funktion der Medien besteht im Interpretieren, im Bearbeiten von „News"; Massenmedien popularisieren die Realität, aber diese Realität ist nicht authentisch. Wie konstruieren die Medien ihre Realität? – Die Auswahl der Meldungen ist bereits eine Wertung (oder Manipulation?). Welche Meldung wird gebracht, welche vernachlässigt, welche unterdrückt, welche glorifiziert, bei Printmedien an welchem Platz kann sie erscheinen?

P. W a t z l a w i c k läßt grüßen: wie wirklich ist die Wirklichkeit?

Mit diesen Fakten werden wir auch im Informationszeitalter leben, der Weg scheint unausweichlich, wir haben gelernt ihn zu gehen, ihn zu akzeptieren. Unser Wissen werden wir weiterhin aus den Massenmedien beziehen und wir werden weiterhin unsere Zweifel hegen. – Was sich ändern wird oder schon geändert hat, ist, daß wir noch schneller an die Meldungen herankommen (zu wessen Vorteil?) und daß wir im demokratischen Westen auf viel mehr Nachrichtenquellen zurückgreifen können. Darin ist der größte Gewinn zu sehen. Damit wird die Gerüchtebörse geschmälert und das Bild von informationshungrigen Bürgern in autoritär regierten Staaten, die nur auf eine staatlich gelenkte Nachrichtenagentur angewiesen sind, wird seltener, weil immer mehr

Möglichkeiten geschaffen werden, auch sie mit einem höheren Nachrichtenstandard zu versorgen.

Unter Zuhilfenahme der neuen Medien werden laufend Umfragen und Analysen publiziert (soziologische Feldstudien, kirchliche Untersuchungen und Statistiken, Shell-Studie u.a.). Aus diesen kann unter anderem ein Jugendbild abgelesen werden, das diese Generation in gewisser Weise „desillusioniert" darstellt; in der Regel gebildeter als ihre Elterngeneration können sie gut mit technischen Geräten umgehen und verstehen deshalb auch besser, wie die Welt durch technische Medien hervorgebracht wird; dank dieser Medien sind sie gut informiert und wissen um die Grenzen von Ideologien und Weltanschauungen und stehen sogenannten „Wahrheiten" mißtrauisch gegenüber. Globalisierung und Ökonomisierung betreffen die Jugendlichen hautnah. Wo in den früheren geschlossenen Gesellschaften der Einzelne in Familie, Schule, Beruf, Staat und Kirche eingebettet war und seine öffentliche und private Rolle in diesen verschiedenen Bereichen vorgelebt und zugewiesen erhielt, nötigen ihn heute die differenzierten Verhältnisse in jeweils neuen Situationen nach eigener Intuition und Erfahrung angemessen zu reagieren, sich passend zu verhalten. Das stets steigende Maß an Selbstverantwortung in allen Lebenslagen ist nicht einfach Anmaßung, sondern Notwendigkeit und Selbstverständlichkeit. – Dazu wird eine wachsende Zahl von Singles und Scheidungen registriert, eine abnehmende Zahl von Geburten, Ablehnung der Ehe und mangelnde Solidarität gegenüber Schwächeren. Frauen weisen darauf hin, wie unberechenbar die Berufswelt und Ehen geworden sind. – Werte der Selbstentfaltung und Selbstinszenierung werden oberstes Prinzip, sie müssen im Zusammenhang mit den sozialen und ökonomischen Modernisierungsprozessen gesehen werden, einschließlich Dynamik,

Hektik und Wandel in allen Lebensbereichen. – Wandlungsfähige sind Gewinner.

Zur Religion hat die Jugend ein ambivalentes Verhältnis: Jugendliche suchen einerseits nach Orientierung und Vorbildern, andererseits wollen sie sich eine eigene, selbstverantwortete Meinung bilden. Der Glaube ist Privatsache geworden, jeder stellt sich seinen persönlichen Glauben zusammen. Denkende und Fragende haben erkannt, daß die reale Welt nicht mehr jener der religiösen Vorgaben und Verheißungen entspricht. Die Verkündigung des Gotteswortes von der Kanzel, die im Zentrum der traditionellen, öffentlichen Großkirchen steht, stößt nur noch auf geringes Interesse.

Im gleichen Trend liegt die Veränderung der wirtschaftlichen und gesellschaftlichen Position der Frauen; sie sind im allgemeinen besser ausgebildet als ihre Mütter, für ihre Ausbildung ist mehr Zeit vorgesehen, mit der Konsequenz, daß immer mehr Frauen in Führungspositionen aufsteigen und immer stärker gegen Männer als Konkurrenten antreten. Auch in bisher als typisch männlich angesehenen Berufen (Kraftfahrer, Rauchfangkehrer, Mechaniker u.a.) findet man vereinzelt Frauen. Durch die längere Ausbildung und eine eventuell angestellte Karriereplanung bleiben viele Frauen kinderlos, andere kommen spät und dann nur zu e i n e m Kind. Die wirtschaftliche Besserstellung, die modernen Antikonzeptionsmittel und die Erleichterung der Scheidung ermöglichen den Frauen freiere Lebensumstände. Mehr als die Hälfte der Scheidungsklagen werden von Frauen angestrengt.

Auch aus der demographischen Entwicklung erwachsen der Gesellschaft strukturelle Veränderungen. Wie zahlreiche wissenschaftliche Analysen belegen, geht in den Industriestaaten seit etwa 30 Jahren die Fertilität bis unter das Bestanderhaltungsniveau zurück. Bei unerfülltem Kinderwunsch kann noch die Medizin mit verschiedenen Reproduktionsmethoden helfend einspringen. Gleichzeitig sinkt durch den medizinischen Fortschritt die Sterberate; das täuscht unter Umständen kurzfristig ein Bevölkerungswachstum vor. Real schrumpft die Bevölkerung in den Industrieländern, um sie zu erhalten bedarf es einer dauernden Zuwanderung. Nachdem es aber mit dem politischen Wandel und der Einführung der Marktwirtschaft auch in den Reformländern zu einem Rückgang der Geburten gekommen ist, wird es eine wesentliche Frage der Zukunft sein, woher die dringend benötigten Arbeitskräfte kommen sollen.

Sinkende Geburtsraten, Rückgang der Zahl der Erwerbstätigen, steigende Lebenserwartung und eine alternde Bevölkerung, das sind die Probleme, die die nächste Zukunft charakterisieren und prägen und die einer Lösung harren. Die alten und ältesten Altersgruppen werden weltweit so schnell wie nie zuvor wachsen. Im Jahr 2050 werden knapp zwei Milliarden Menschen älter als 60 Jahre sein, derzeit sind es 580 Millionen. Weltweit wird das Pensionsantrittsalter hinaufgesetzt, weil lange Pensionszeiten nicht finanzierbar sind. Am Arbeitsmarkt werden neue Qualifikationen gefordert, neue Zukunftsfelder der wirtschaftlichen Entwicklung entstehen. Wie können die „Längerdienenden" in diesen Markt- und Arbeitsmechanismen gehalten oder eingegliedert werden? Sind sie überhaupt in der Lage sich diesen Anforderungen in ihrer ganzen Konsequenz zu stellen und reicht ihre Flexibilität für heutige Ansprüche? Am Zenit ihres Berufslebens hat Medienkunde, Biochemie und der Gebrauch des Internets noch nicht zur qualifizierten Allgemeinbildung gehört. Zigmillionen Computer haben unsere Art zu arbeiten, zu denken und zu kommunizieren verändert. Für ältere Menschen ist die Anpassung an die hohe Wandlungsgeschwindigkeit der Umwelt oft eine zu große Last oder gar nicht möglich, sie scheuen das Risiko, sie denken im allgemeinen paternalistisch, hierarchisch, autoritär, sie sind in ihrer Haltung k o n s e r- v a t i v. Sie sind die Wähler der konservativen politischen Parteien, ihr Programm heißt Pflege der Tradition, ihr Leitspruch „law and order". Durch ihre rasch ansteigende Zahl sind sie zum politischen Schwergewicht geworden. Nicht zuletzt durch die Verschiebung der Altersstruktur der Bevölkerung wechselten in der Europäischen Union innerhalb zweier Jahre zwei Drittel der Staaten von links-liberalen zu konservativen Regierungen, die von der „gewonnenen Generation" sprechen. – Im Gegenzug dazu verlangen die Parteien, die sich selbst für progressiv halten, eine Herabsetzung des Wahlalters bis zum 16. Lebensjahr, um die verloren gegangenen Wählerstimmen der „Alten" kompensieren zu können.

Im Zuge der vieldiskutierten Globalisierung hat die Politik an Einfluß verloren, ihr Image ist schlecht, „man spürt allerorts den realen Machtverlust der Politik gegenüber der neuen Souveränität der Ökonomie" (K.P. L i e s s m a n n). Die Globalisierung und Konzentration der Unternehmen hat zu einem raschen Erstarken der großen Konzerne geführt, der Staat wird zum Sicherheitsdienst der Unternehmen, zum geduldeten Mitspieler degradiert. Die Global-Players gebärden sich als die neuen Kolonialherrn. Souveräne Staaten geraten gegenüber den Konzernen in die Rolle eines Anbieters, der entgegenkommend sein muß, will er Kapital ins Land ziehen und Prosperität ermöglichen; Beflissenheit kann so in Peinlichkeit enden. Konzerne sind nicht böse, aber sie sind auch nicht gut. Sie agieren abseits der Moral, ein Unrechtsbewußtsein fehlt ihnen. – Der Drang zur Privatisierung ist schier unbändig, die direkte Beteiligung des Staates an der Versorgung mit Dienstleistungen wird zusehends verringert, öffentliche Aufgaben werden an Privatunternehmen übertragen: Schienennetze (Railtrack), Bahnlinien, Telefonfestnetze und sogar Gefängnisse. Wo liegen die Grenzen der privaten Versorgung für öffentliche Aufgaben? Was ist wenn diese Firmen nur kurzfristigen Profiten nachjagen und anschließend zusammenbrechen? Dann muß, um die Versorgung aufrecht zu erhalten, mit Geld aus Steuern gerechnet werden. Skepsis ist angebracht. Immerhin leben wir im Zeitalter der Superlative und haben schon die größten Firmenpleiten und Bilanzierungsskandale aller Zeiten erlebt (Tyco, Enron, Worldcom).- „Schuld (auch) am Aktien-Crash ist die Ideologie des freien Marktes. Sie macht die Gier zur Tugend und erlaubte Unternehmen den Finanzbetrug" meint G. S o r o s, amerikanisch-ungarischer Börsianer, Milliardär und Wohltäter (George-Soros – Stiftung)

In diesem Zusammenhang erscheint ein Hinweis auf das weltweite Dienstleistungsabkommen GATS (General Agreement on Trade in Services) angebracht. – Im Rahmen der Welthandelsorganisation WTO laufen seit dem Jahre 2000 die GATS-2000 Verhandlungen; dabei handelt es sich um die Privatisierung und die Liberalisierung von sozialen Dienstleistungen, Energie- und Wasserversorgung, Bildung und Erziehung, Gesundheitsdienstleistungen u.ä., vor allem um den Marktzugang für ausländische Dienstleister. Zu diesem Zweck haben die Mitgliedsstaaten angegeben, welche Dienstleistungsbereiche sie in anderen WTO-Mitgliedsstaaten dereguliert haben wollen. Auf Basis dieser Wunschlisten wird dann verhandelt, in welchen Bereichen dieser Staaten Marktzugangsbeschränkungen abgebaut werden müssen. Die Verhandlungen werden auf WTO-Ebene unter Ausschluß der

Öffentlichkeit geführt. – Es ist verständlich, daß vom Gemeindebund, über die Gewerkschaften bis zu den Studentenorganisationen alles aufgebracht ist; US-amerikanische Wünsche und Vorstellungen sind nicht im Verhältnis 1:1 auf Europa übertragbar! Die Sorge um Aushöhlung des Sozialstandards scheint nicht unberechtigt.

Die Politik bleibt auf Ankündigungspolitik reduziert. Man traut den Volksvertretern keine Problemlösungsmacht mehr zu (Arbeitslosigkeit, Regelung der Staatsfinanzen, ausgewogene Sozialpolitik u.a.). – An die Stelle der Rechenschaftslegung tritt die Imagepflege: „Wie war ich? War ich gut?" Politik funktioniert neuerdings nach den Gesetzen der Werbung. Die Märkte disziplinieren die Politik, der Mensch wird über Sachwertpräsentation definiert. Nach Milton F r i e d m a n n's Monetarismus wird alles der marktwirtschaftlichen Selbststeuerung überlassen (so z.B. unter Margaret T h a t c h e r in England). Der Präsident der USA gibt mit starken Worten weltöffentlich zu Protokoll, daß ihn das Klima, die Existenzgrundlage aller, nicht schert.

Auf die Ablösungstendenz staatlicher Rahmenverantwortung für die Universitäten durch marktähnlichen Wettbewerb sind wir schon mehrmals gestoßen. Ein typisches Beispiel bietet eine Reform an den australischen Universitäten, die diesen striktes ökonomisches Denken auferlegt. Gemessen wird nicht etwa die Forschungsleistung oder das Niveau der Ausgebildeten, sondern die Zahl der Absolventen. Institute, die nicht genügend Studenten vorzuweisen haben, werden geschlossen oder zusammengelegt, die Forscher entlassen. – Die ökonomische Orientierung der Ausbildung stellte sich als Fehler heraus und wurde inzwischen durch eine Gesetzesnovelle zurückgenommen.

Wenn wir der Ökonomie gänzlich das Feld überlassen, sind die Grundlagen unserer Gesellschaft in Gefahr. Es geht heute um die Frage, ob es die Menschheit schafft, den globalen Kapitalismus zu zivilisieren. – Der Sozialstaat ist die größte europäische Kulturleistung (auch der Mißbrauch stellt kein wirkliches Argument gegen diesen dar), ihn zu erhalten, bedarf es einer ausgewogenen Sozial-, Bildungs- und Kulturpolitik.

Probleme der Ethik werden zunehmend wichtiger und aktueller. Die gesellschaftliche, wissenschaftliche und technische Entwicklung in einer pluralistischen Gesellschaft ist mit moralischen Konfliktsituationen verbunden, sie stellen eine Herausforderung an die Ethik dar, die nach neuen Antworten verlangt, solche auf Grundfragen der Ethik, auf Probleme der angewandten Ethik (z.B. Bio-, Medizin- und Wirtschaftsethik) und selbstverständlich Stellungnahmen zu religiösen und außereuropäischen Moralsystemen.

Nach K a n t ist es wesentlich für die Entwicklung des Einzelnen wie auch der Gemeinschaft existenzielle Antworten auf seine Fragen-Trias: was darf ich hoffen, was kann ich wissen, was soll ich tun? zu finden; diese haben nichts von ihrer Aktualität eingebüßt. Die Idee der Selbstbefreiung durch Wissen, ein programmatischer Topos in der Tradition der Aufklärung, ist der „Ausgang aus selbstverschuldeter Unmündigkeit". – Der polnische Historiker und Politiker Wladyslaw B a r t o s z e w s k i will Kultur als Hierarchie der Werte (verpflichtend) verstanden wissen: „Der europäischen Kultur liegt ein dreifaches Erbe zugrunde: Griechisches Denken, christlicher Glaube, römisches Recht." Ein reiches Erbe, der Tagespolitik zur Pflege ans Herz gelegt!

Schluss

„Es ist ein langer Weg von den Gebeten zum Bildungsmarkt. Man kann es täglich in den wunderbaren großen Kathedralen unserer christlichen Kultur erleben – dort findet man heute immer weniger Menschen, die beten, und immer mehr, die auf ihrer Bildungsreise den Betenden beim Beten zuschauen und dabei etwas über die Orte des Glaubens und Betens lernen wollen. Sie hören nicht mehr auf die Worte der Verkündigung, sondern auf die des kunsthistorischen Vortrags, sie lesen nicht mehr die Bibel, dafür den Kunstführer." K.Geissler[21]

---

[21] Karlheinz G e i s s l e r, Der große Zwang zur kleinen Freiheit in Fragen an das 21. Jahrhundert, Bernhofer M (Hg).

Literaturverzeichnis

D e s c h n e r, Karlheinz,
   Abermals krähte der Hahn, btb 1996

D u r k h e i m, Emile,
   Erziehung, Moral und Gesellschaft, Suhrkamp 1984

F o e r s t e r, Heinz v.,
   Wahrheit ist die Erfindung eines Lügners, 1999

G l a·s e r s f e l d, Ernst v.,
   Über Grenzen des Begreifens, Bern 1996

G l a s e r s f e l d, Ernst v.,
   Wege des Wissens, Heidelberg 1997

H e i s e n b e r g, Werner,
   Die Evolution ist kein Betriebsunfall, Zürich, 1972

H e i s e n b e r g, Werner,
   Physik und Philosophie, Ullstein 1978

H e i t g e r, Marian,
   Von Werten und vom Werten, Festvortrag zum Symposium: Zukunftsvisionen – aus den geistigen Wurzeln Europas, Eisenstadt, 2000

J o c h u m, Manfred,
   Die Kinder von Bill Gates, in Fragen an das 21. Jahrhundert, Bernhofer M (Hg), Wien, 2000

K ü n g, Hans,
   Projekt Weltethos, München 1990

L i e d t k e, Max, (Hg),
   Handbuch der Geschichte des bayerischen Bildungswesens, Verlag Klinkhardt 1997

P ö p p e l, Ernst,
   Einblick in die Hirnforschung, in Fragen an das 21. Jahrhundert, Bernhofer M (Hg) Wien 2000

Reflexive Aufklärung,
   Schriftenreihe der Freimaurer-Akademie, Wien 1998

S e r t l, Franz,
   Abseits von Himmel und Hölle, Wien 1999

W a g n e r, Manfred,
   Stoppt das Kulturgeschwätz, Wien, 2000

W a t z l a w i c k, Paul,
   Wie wirklich ist die Wirklichkeit? München 1978

W e r l h o f, Claudia v.,
   Lizenz zum Plündern, Verlag Rotbuch-Zeitgeschehen, Innsbruck (?) 2003

W i l l k e, Helmut,
   Systemtheorie: eine Einführung in die Grundprobleme der Theorie sozialer Systeme, Stuttgart 1993

Prof. Dipl. Ing. Ernst G e h m a c h e r

Sozialwissenschafter und Meinungsforscher,

Schwerpunkt Gesellschaftspolitik

Prof. Dr. Giselher G u t t m a n n

Emerit. o. Univ. Prof. der Universität Wien,

Rektor der Universität für Humanwissenschaften im

Fürstentum Liechtenstein,

Wissenschaftlicher Leiter des Ludwig Boltzmann Instituts

für Bewußtseinspsychologie und transkulturelle Psychotherapie

Mag. Dr. Franz S e r t l studierte in Wien Chemie und Geschichte.

Veröffentlichungen zur Zeitgeschichte, Schwerpunkt Laizismus.